이혜숙 수필집

꽃을 솎는 저녁

기억에서 사라진 날들은 어디에 남아 있을까.

어제, 한 달 전, 일 년 전, 십 년 전, 그보다 더 오래전…. 참으로 많은 시간들이 지났다. 그날 그때는 내 것인 게 분명했던 생각과 행동들이 큰 조각, 작은 조각으로 남거나 먼지처럼 부유하며 시나브로 잊혀졌다. 지금 이 시간도 그렇게 얼마 후엔 잊힐 것이다.

살아온 자취는, 그때 두고 온 것이라 생각했었다. 차창 밖으로 흘러가는 풍경처럼 점점 멀어지며 저 뒤에 남았거나 지워졌을 것이라고.

그런데 책을 준비하면서 과거의 발자국이 지워지지 않고 지금까지 같이 왔다는 것을 알았다. 그 발자국 따라 온 발걸음은 경쾌하기도 했고 흔들리기도 했고 때로는 한참을 멈추어 있다가 이어지기도 했다.

잠시 멈추었다고 생각했던 시간이 좀 길었다. 내가 쓰는 것이 무익한 것이라는 생각에 쓰는 것이 즐겁지 않았다. 뜨거운 것이 목구멍에 가득 차 토하지 않으면 안 될 것 같이 절박해야 하는데, 그렇지 않았다. 그렇다고 쓰지 않는 시간이 편하지도 않았다.

이제는 수필 쓰는 일이 즐겁다거나 행복한 일이라는 말은 하지 않으려고 한다. 그저 수필이 '치유의 문학'이라는 것을 깨닫게 된 것이 고맙다. 떠오른 순간이 지나면 사라지고 말 생각을 활자의 그물로 건져 올리고 그것을 손질하는 동안 외롭고 불안했던, 춥고 허기졌던, 슬프고 막막했던 감정들이 잦아들었던 것이 소중하다.

한 문장이라도 당신의 시린 손을 감싸줄 수 있다면 좋으련만, 나는 이제 겨우 내 언 손이 조금씩 녹는 중이다. 한 문장이라도 당신의 답답한 속을 풀어줄 청량제가 되었으면 좋으련만, 나는 이제 겨우 한숨을 돌리는 중이다.

아무것도 해주지 못한 채 물에 만 밥 같은 것을 내놓아 몹시 부끄럽고 미안하다. 그래도 숟가락을 들어주는 당신이 있어 다시 용기를 낸다.

세상에 누군가가 있다는 것은 얼마나 한 축복인가. 내게 당신이 그 누군가이듯, 당신에게도 내가 그럴 수만 있다면,

참·좋·겠·다.

다시 겨울맞이를 하는 숲속마을에서

2013년 11월 이혜숙

꽃을 솎는 저녁

이혜숙 수필집

▷ 차 례

3

1

겨울나무

하루 종일 하늘이 가맣도록 함박눈이 펄펄펄, 펑펑펑. 백 년만의 폭설이라더니 하늘에 구멍난 것 같은 날들이었죠.

나는 봄이면 구름 같은 벚꽃을 피우고 여름 그늘, 가을 단풍, 겨울 눈으로 당신 집 마당에서 오랫동안 서 있었지만, 이번처럼 눈이 많이 오는 겨울은 처음인 것 같았어요.

당신도 며칠째 설국에 갇혀 창밖만 바라봤어요. 하루는 그것도 지겨운지 일찍 잠이 들더군요. 커튼을 여미지 않은 창 하나로 새어나오는 불빛을 보니 당신 집이 어쩌면 그리 따뜻해 보이던지요. 나는 발목까지 눈에 잠겨 하염없이 바라볼 뿐이었죠.

당신이 잠든 사이, 뒤에 서 있는 가로등이 슬며시 등을 떠밀었어요. 추운데 그림자라도 집안에 들어가 눕도록 해주라고요.

그 말을 들으니까 한꺼번에 피곤이 몰려와 더는 서 있기 힘들었어요. 마루에 그림자를 뉘이자 마자 잠이 산처럼 쏟아졌어요. 당신이 깨서 밟는 줄도 모르고.

처음에 당신은 움찔 놀라더군요. 시커먼 물체를 밟았다고 느꼈나 봐요. 잠시 후 나무 그림자라는 걸 알고는 커튼을 내리려고 창가로 다가서더군요.

그러다 나와 눈이 마주친 거예요. 나는 가지에 앉은 눈덩이가 무거워 금방이라도 부러질 것 같았지요. 알잖아요. 백 년을 버틴 소나무도 눈송이 하나 더 앉으면 부러진다는 것을. 당신은 창밖의 나무와 마루에 길게 누운 그림자를 번갈아 보더니 커튼을 내리려던 손을 거뒀어요.

달빛에 묻어온 그림잔 줄 알았더니, 가로등이 한 짓이구나. 하긴 달이 보일 리 없지. 눈 오지 않는 밤이라도 달이 지구 한 바퀴 뛰려면 나무 한 그루 눈에 들어올 새도 없겠지.

하품을 길게 하고는, 어떤 작가는 여름밤에 마루에서 자다가 홑이불인 줄 알고 달그림자를 끌어 당겼다는데, 이건 덮을 수도 없고…. 잠꼬대처럼 중얼거리더니 그냥 들어가더군요.

그리고 겨울이 다 가도록 당신은 창문 하나는 커튼을 내리지 않았어요. 내게 하숙을 허한 거였지요. 나는 다른 나무 하나 등에 업고, 그 나무도 또 다른 나무 등에 업고. 숲 하나가 들어와 자고 간 것을 알고 있었나요.

겨울을 나는 동안 나는 당신이 무슨 생각에 그림자를 들였는지 알 것 같았어요.

당신은 밖에서 떠돌고 있을 누군가를 생각한 것 같았어요. 집을 나온 아이일 수도 있고, 집에 돌아갈 수 없는 어른일 수도 있겠죠. 겨울나기가 힘든 누군가에게 따뜻한 잠자리라도 있길 바라는 마음. 언 몸 녹일 때 언 마음도 녹을 수 있길 바라는 마음이었겠죠.

유난히 길고 추운 겨울이었으니까요.

매 화

매화가 피기 시작하면 오랜 겨울잠에서 깨어난다.

사방에 파스텔 빛 봄물이 오르고, 발바닥이 근질거리도록 흙이 들썩거릴 때 봄은 매화 향을 흔들며 찾아온다. 겨우내 얼었던 땅이 햇살의 간지럼에 견디지 못하고 손을 들 때, 한쪽에선 냉이가 꿋꿋한 꽃대를 올리고 매화가 팝콘처럼 터지기 시작한다. 아무리 목석같이 버티려 해도 일어나지 않을 수 없다.

매화가 벙글기 시작하면 꽃차를 만들 생각에 바빠진다. 아침 햇살이 고루 퍼지기 시작할 때 따는 매화의 향이 강하기 때문이다. 꽃을 따다보면 꿀벌하고 경쟁을 할 수밖에 없다. 꿀벌이 앉은 꽃송이가 그중 향기로울 터, 그놈을 쫓아내고 내가 꽃을 차지한다. 그래도 여기저기서 톡톡 꽃 터지는 소리를 벌이 먼저 알아듣고 고맙게도 다른 꽃으로 옮겨간다.

채반에 창호지를 깔아 꽃이 서로 겹치지 않게 펼쳐서 살짝 쪄낸다. 한 김 오르자마자 내려놓아야 꽃 모양도 그대로이고 말린 후에도 창호지에 붙지 않는다.

꽃차를 만드는 기간은 일주일을 넘기지 않는다. 열흘 붉은 꽃 없다고 그즈음부턴 꽃이 시들어 향이 약해지기 때문이다.

오후 4시, 올해 마지막 매화를 따러 나간다. 그런데 꽃이 거의 시든 줄 알았는데, 아직도 봉오리인 꽃이 더 많은 게 아닌가. 몇 년 꽃을 따다보니 꽃송이에 슬쩍 손만 대도 방금 핀 것인지 시드는 것인지 느낌이 오는데, 봉오리인 줄 알았던 것이 시든 꽃임을 단박에 알 수 있다. 몇 번을 만져도 마찬가지다.

기우는 햇살에 노란 꽃술을 내보이며 활짝 열린 꽃송이는 몇 개 되지 않는다. 시든 것이 꽃잎을 오므리고 있으니 봉오리만 피하면 더 쉽게 꽃을 딸 수 있다.

한참 만에 꽃의 심사를 알 것 같다. 아직 피지 않은 꽃들에게 좀 더 쉽게 벌이 오도록 지는 꽃들이 입을 다물어준 것이다.

누가 그러자고 했을까. 저희들끼리 얼마나 오랫동안 생각하고 마음을 맞추었을까. 그렇게 기억의 유전자를 만들어 해마다 늦게 나오는 꽃을 위해 먼저 핀 꽃들은 마지막 향을 안으로 삼키고 조용히 고개를 숙이는 것이겠지.

피는 꽃이 다 매실로 익는 것도 아니고 그중 부실한 열매는 바람과 비에 떨어질 텐데 어쩌자고 꽃은 가지마다 흐드러지게 피어나는 것일까. 꽃은 넉넉한 정도가 아니라 넘치도록 피고 지고 있었다. 벌에게 꽃가루를 주는 것은 꼭 필요한 일이겠지만, 열매 맺을 기회를 훔쳐가는 나 같은 사람에게도 기꺼이 꽃을 내주었다.

꽃을 향해 뻗던 손이 주춤해졌다.

작년까지만 해도 한 송이라도 더 따려는 마음에 꽃의 말을 듣지 못했다. 몇 년 만에야 꽃들이 저희끼리 나누는 소리가 귀에 들린다. 그 은밀하고 나직하고 달콤한 대화가 이제야 들리다니. 나는 해마다 수천수만 송이의 꽃을 따가면서도 매화나무에게 고맙다 미안하다는 말을 한 적이 없는데 한 번도 섭섭하다 하지 않고, 아낌없이 주는 마음이라니.

마른 꽃을 찻잔에 넣고 따뜻한 물을 붓자 꽃은 웅크렸던 몸을 활짝 펴고 생화로 돌아온다. 찻잔 속에서 우아하고 고귀한 춤을 춘다. 찻잔을 입에 대는 순간, 향기뿐 아니라 매화의 속삭임도 따라온다.

무엇으로 받은 것을 돌려줄 수 있을까. 꽃물로 씻은 마음그릇에 너의 마음을 담을 수 있을까. 꽃처럼 줄 수 있는 그런 마음 한 번 먹을 수 있을까.

봄이 간다. 매화가 남긴 향기로운 발자국 따라 총총….

목련나무 아래에서

너도 그렇게 생각하니?

비 오는 아침, 문득 누군가 묻는 소리에 우산을 젖히고 보니 목련나무 아래다. 꽃은 지고 잎이 푸르다.

너도 나를 보고 필 때는 고귀해 보여도 질 때는 추한 꽃이라고 말하느냐고. 그런 말을 하는 사람들이 섭섭해서 올핸 피지 않을까도 생각했지. 하지만 그럴 수가 없었어. 내가 피지 않으면 세상에 봄이 오지 않을 테니까, 다른 꽃들도 피지 않을 테니까.

빗방울이 잎에 떨어져 톡톡 소리를 낼 뿐인데, 그것이 어느새 나무의 목소리로 변해 있었다.

나는 봄을 깨우는 종(鍾)이야. 내가 흰 종소리를 내면, 개나리, 진달래도 덩달아 종을 흔들고, 매화, 벚꽃도 일제히 폭죽을 터뜨리는 거야. 우리는 색과 향으로 종소리를 내지. 꽃 소식을 퍼

뜨려야 하고 멀리까지 울려야 하니까 내 몸은 무거워. 가벼운 종소리는 멀리 가지 못하니까.

천지에 봄소식이 전해질 즈음엔 나는 너무 지쳐. 소리가 다하면 녹이 슬어 볼품없이 변하고 말지. 그런 내 모습을 보면서 사람들은 필 때는 아름다워도 질 때는 지저분하다고 해.

하지만 나는 그때가 가장 아름다운 때야. 세상에 와서 할 일을 다 하고 돌아갈 때, 무거운 몸을 버릴 때, 아낌없이 쓰고 돌아갈 때 비로소 가볍지.

한창 피어 있을 때 질 때의 모습을 미리 염려하고, 눈부신 시간을 같이 하지 못하는 사람들을 보면 나는 안타까워. 왜 앞으로 올 시간을 미리 당겨서 생각하는지. 자신에게 주어진 '지금'을 살지 못하고 오지 않은 시간을 걱정하는지.

질 때가 되었는데도 가지를 꽉 붙잡고 놓지 않으려는 꽃은 없어. 너희 사람들 중엔 그런 사람들이 너무 많더라. 영원히 지지 않는 꽃으로 남고 싶어 하는 사람들은 꽃이 져야 열매를 맺는다는 것을 배울 시간이 있을까.

나뭇잎에서 구른 빗방울을 따라 바닥을 보니 이미 꽃은 흙으로 돌아가고 있었다. 꽃 진 자리에 어느새 심지처럼 올라온 푸른 씨방.

여름 나비

그건 상상도 못한 경험이었죠.

내 일생이 허무하게 끝날지도 모른다는 절망. 내가 어떻게 여기까지 왔는데. 알이었을 때의 희망, 애벌레였을 때의 불안, 죽음 같은 번데기 시절을 견뎌내면서 오로지 하나만 바라보았는데. 겨우 번데기에서 벗어나 날개 펼친 지 얼마나 되었다고, 한참 더 남은 생을 마감해야 하다니. 그것도 한여름에 동사라니.

열린 창문으로 당신의 집안에 들어오게 된 건 순전히 호기심 때문이었지요.

꽃과 나무, 풀만 있는 세상에 비해 구경거리가 많았거든요. 인간들은 참 이상한 걸 많이 만들었더군요. 단추 하나만 누르면 총천연색 그림이 춤추는 상자, 어떤 날개는 계속 돌기만 하는데 거기서 나오는 바람은 밖에서 쐬던 것과는 달라 어지럽기까지

하더군요. 당신은 딱딱하고 네모난 나무판 위에 역시 네모난 물건을 놓고 들여다보고 있었는데 가까이 가서 보니 흰 바탕에 까만 점들만 잔뜩 들어 있었어요.

집안엔 둥근 것보다 네모난 것들이 많아 그렇게 신기할 수가 없더군요. 그러다 발견한 거죠. 당신이 문을 열자 환한 불빛으로 가득한 요술 상자. 황홀한 그 세계를 보고 뛰어들지 않는다면 오히려 이상한 거 아니에요?

내가 뛰어든 건 당신이 문을 닫으려는 찰나였죠. '행운이다!' 하는 순간 문은 닫혔고, 화려했던 세상은 암흑이 되고 말았어요. 악몽의 시작이었죠. 오래지않아 사방에서 물컹물컹 쏟아지는 냉기, 어딘지 가늠할 수 없으니 출구를 찾을 수도 없고, 찾는대도 내 힘으론 밀어낼 수도 없었죠.

나는 얼기 시작했고, 의식을 잃고 말았어요. 숨이 넘어갈 무렵, 다시 문이 열리고 당신이 나를 발견했어요. 언제 떨어뜨린 거지? 하면서 손톱으로 나를 긁어내려고 하더군요. 상추나 깻잎 쪼가리가 떨어져 거멓게 변했다고 생각한 모양이에요. 손가락으로 집더니 툭 싱크대 위에 던져버려요. 긁어버렸다면 어떻게 되었을까요?

한 시간이나 지났을까. 몸을 추슬러 겨우 일어났죠. 당신이 컵을 놓으러 왔다가 놀라는 것을 보았지만 달아날 힘도 없었어요. 바닥에 붙은 채소가 세로로 서 있으니 놀랄 수밖에요.

"나비였잖아!"

당신은 조심스럽게 나를 창틀에 놓아주더군요. 얼른 나가야 하는데 날개가 마음대로 움직이질 않았어요. 아직 언 몸이 녹지 않은 거죠.

당신은 무슨 생각인지 창문을 죄 닫았어요. 나를 가두려는 속셈인가 싶었어요. 그런데 어떤 단추를 누르니까 집안이 훈훈해지기 시작했어요.

"너 땜에 한여름에 보일러 좀 켰다."

몸이 녹았으니 드디어 나갈 시간이에요. 고마워요, 당신.

가기 전에 할 말이 있어요. 당신이 조그만 네모 판에 손가락으로 톡톡 쳐서, '꽃이나 나무에 대해 글을 쓸 때, 동물이나 곤충을 상대로 연민을 느낄 때, 그런 것들을 의인화하여 나와 동일시할 때, 유치하고 한심하다는 생각이 든다. 신문과 방송에선 매일 고단한 삶을 연명하는 사람들의 이야기를 전하는데, 누군가에게는 하루하루가 그저 죽지 못해 사는 암담한 것인데 음풍농월이나 하는 자신이….'

거기까지 똑딱거리다가 머리를 쥐어뜯는 모습을 봤어요. 그렇지만, 자책하지 말아요. 그 마음 때문에 내가 다시 날 수 있었으니까요.

다음에 또 놀러 와도 되죠? 물론 요술 상자 옆에는 절대 가지 않을 생각이에요.

꽃을 솎는 저녁

오월에 심은 한련화 모종이 몇 달 새 퍼져 화단에 가득하다.

꽃이 퍼지다보니 위로 뻗은 줄기는 잎이 푸르고 꽃송이도 큰데 비해 아래 깔린 꽃은 오종종하다. 새로 나오는 잎도 누렇게 뜨기 시작한다. 시들기 시작하는 꽃과 잎을 솎아주어야 나중 나오는 것들이 제대로 햇빛과 양분을 받을 것 같다.

오후 여섯시, 이 시간이면 열이 식은 햇볕도 별수 없이 수굿해진다. 두어 시간 족히 남은 밝음이 주머니 속의 넉넉한 현금처럼 든든하다.

꽃을 솎아내는 손길이 바쁠 게 없다. 머리카락을 헤치고 새치를 찾아내듯 시든 잎을 따주기만 하면 되니까. 그중에는 벌써 씨를 맺기 시작하는 것들도 있다. 시들었다고 다 따버릴 것도 아니구나 싶다.

오래 지나지 않아 요령이 생긴다. 시든 꽃의 줄기가 저마다 다른 것을 알았기 때문이다. 씨를 맺을 꽃은 시들어도 줄기가 싱싱한데, 그러지 못한 것들은 배배 마르기 시작하는 것이다.

"너희들도 반상회 하니?"

나는 꽃들이 머리를 맞대고 저희끼리 두런두런 나눈 이야기를 훔쳐 들은 양, 웃으면서 꽃에게 말을 건넨다. 꽃이 '어라' 하는 표정으로 올려본다.

마당 있는 집에 산 지 십 년, 처음엔 꽃은 꽃이고 나는 나였다. 꽃은 내가 보기 위해서 심고 가꾸는 것, 저절로 핀 야생화도 우연히 눈에 띈 사물처럼 생각했다. 그런데 올 봄에 매화를 딸 때 꽃이 하는 말이 들리는 듯했다. 고구마를 심은 밭에서 잡초를 매줄 때, 잡초와 고구마 줄기가 손에 같이 잡히면 금방 알아차리는 것이 두 종류의 줄기가 감촉이 달라서만은 아니었다. 고구마 줄기가 순간 겁에 질려 움츠리는 느낌이 전해 오는 것이었다.

한련화만 해도 그렇다. 꽃을 솎은 지 5분도 안 돼 씨가 될 것과 안 될 것을 구분하는 것이 아무나 할 수 있는 일인가.

꽃들도 서로 말을 나눈다. 회의하고 결정도 한다. 그러니 될 성싶은 놈을 응원해서 허약한 것들이 물러나는 것이다. 씨를 맺기에는 역부족이라는 것을 안 줄기는 일찌감치 물 긷기를 포기한다. 한해살이로 화사하게 핀 것에 만족해하며 '가야할 때'를 알고 총총 사라지는 것이다. 씨를 맺는 꽃은 그것에 보답하려

열심히 뿌리에서 퍼 나르는 수분으로 씨방을 살찌우는 것이다.

고요하고 평화로운 반상회의 장면을 바라보는 여름 저녁, 나의 손길은 더 더뎌지고 조심스러워진다.

그 시간이면 어김없이 집 근처 회사 족구장에서 함성이 들린다.

처음엔 몇 가구 안 되는 주택 사이에 제조업체의 기숙사가 생긴다는 것에 반대하는 사람들이 많았다. 더구나 직원이 우리나라 사람이 아닌 동남아 쪽 사람들이라는 것에 더 경계했다.

시간이 흘러 처음만큼 경계하지는 않아도, 검은 피부가 더 검게 보이는 감색 티셔츠를 단체로 입고 정해진 시간에 식당으로 몰려가는 그들을 마주치면 긴장부터 했다. 웃는 얼굴은 볼 수 없고 담배를 피우다 길가에 던지는 모습도 일부러 보란 듯하는 행동처럼 느껴지기도 했다. 걸어가는 그들 옆을 승용차로 빠르게 지나쳐도 마음은 어딘지 불편하기만 했다.

얼마 전 그 회사의 주차장 옆에 족구장이 생겼다. 퇴근시간인 오후 여섯 시만 되면 몇몇이 족구를 하는 소리가 들리기 시작했다. 알아들을 수 없는 이방인의 함성이 저녁 공기를 흔들었다. 가까이 가서 본 적은 없지만 왁자지껄한 소리와 커다란 웃음소리는 묘한 감동을 주었다. 이제껏 경계하고 긴장하던 마음이 풀리는 것 같았다.

그들은 얼마나 먼 곳에서 왔을까. 보고 싶은 가족을 두고 온 사람들이 이 시간만큼은 놀이에 몰두하는 것이겠지. 낯선 땅에

고요하고 평화로운 반상회의 장면을 바라보는 여름 저녁,
나의 손길은 더 더뎌지고 조심스러워진다.

적응하느라고 애써 배웠던 '안농하세요'나 '감싸합니다' 같은 말을 내동댕이치고 마음껏 제 나라 말로 함성을 지르는 시간, 푸른 자유가 그 소리에 묻어 있었다.

어느 날, 족구장에서 들리는 함성을 들으며 꽃을 솎고 있을 때였다. 잠시 허리를 펴려고 일어서는데 소리가 족구장이 아닌 화단의 흙 속에서 들리는 게 아닌가.

"여기야, 여기. 이쪽으로 보내."

"아이구, 제대로 좀 해라." "좋았어."

허리를 들면 동남아 말이었다가 숙이면 흙속에서 저절로 우리 말로 바뀌어 들리는 것이었다.

그들도 가족에겐 이듬해의 꽃을 약속해줄 '씨앗'이었구나. 지금보다 나은 미래를 위해 힘을 모으고 마음을 모아 보낸 씨앗.

나도 모르게 족구장의 소리에 끌려 마당에 나왔다가 한련화 화단으로 손이 갔던 것도 서로 상관없는 일이 아닌 것 같았다.

이젠 집으로 돌아오는 길목에서 기숙사의 창부터 살핀다. 베란다에 빨래가 걸려 있으면 반갑다. 창문이 열려 있으면 그들이 통풍하려는 것이 공기만이 아닌 것 같은 생각이 든다.

내가 한련화의 반상회를 멋대로 엿보았듯이 족구 하는 소리에 경계하는 내 마음이 풀렸다는 것을 꽃도 그들도 알지 못해도 즐겁지 않은가. 아는 사람 없어도 봄과 여름 사이에 한 사람이 달라졌다는 사실이.

찔레꽃

찔레나무가 등을 궁굴리고 손톱을 깎고 있다.

출렁출렁 탐스러운 초록머리카락은 어깨를 타고 가슴까지 미끄러지는데 아랑곳 않고 입가에 슬몃 웃음을 머금은 듯.

찔레나무 흰 손톱, 발아래 뚝뚝 떨어진다.

한때는 갈망과 초조로 흔들었던 손이다.

한 번뿐인 구애를 외면 당할까봐 떨며 내밀었던 손이다.

바람과 벌, 나비 부를 땐 부끄러움도 지웠다.

열에 달뜬 몸, 바람에라도 비비지 않으면 미칠 것 같았다.

이윽고 벌, 나비 날갯짓에 묻혀 황홀한 분탕질. 아뜩아뜩 혼미한 성애.

한 해 한 번뿐인 격렬한 정사가 지나고 나른해진 몸을 느긋이 부려놓는다.

붉은빛 점점 고왔던 다섯 손가락은 열락의 시간을 빠져나오는 동안 내려놓았다.
찔레나무 시든 손톱 깎고 있다.
어느새 마당 깊숙이 들어온 여름.

풍경 소리는 어디서나 들린다

우리 집은 보완 면에서는 빵 점짜리 집이라 열대야에도 창문을 열고 자는 일이 없다. 마당에 납작 앉은 땅 집에 창문이 어린애 허리 정도 높이밖에 안되는데 방범창도 없기 때문이다. 쇠창살 같은 방범창을 달고 죄수처럼 밖을 내다보고 싶지 않아 허술한 대로 살다보니 낮잠을 잠깐 자려고 해도 창문 단속부터 한다.

그러나 한여름에는 대낮에 창문을 열어놓고 선들선들 들어오는 바람을 느끼며 낮잠 들고 싶고, 한밤에 쏟아지는 폭우 소리를 듣고 싶고, 비 그친 후 도랑물 소리가 시냇물 소리로 커지는 것을 듣고 싶은 마음에 늘 아쉬웠다.

얼마 전부터 남편이 거실에서 자기 시작했다. 안방보다 공간이 넓어서 시원하다는 것이다. 나 또한 침대를 혼자 차지할 수 있어서 좋았다. 한밤에 음악을 들으며 낮엔 더워서 집중할 수 없었던 컴퓨터 작업을 할 수 있으니 호젓했다.

어느 날 폭우가 쏟아지자 방안 가득 빗소리를 들이려 창문을 열었다. 그런데 막상 아무것도 보이지 않는 캄캄한 어둠이 두려웠다. 그래서 롤스크린을 반쯤 내렸는데 깜빡 잠이 든 모양이었다.

툭툭, 탁 타닥… 잠결에 롤스크린 아랫단을 고정시키는 플라스틱 봉이 창틀에 부딪치는 소리가 들렸다. 창틀도 플라스틱 재질이라 부딪치는 소리는 둔탁했다. 귀에 거슬려서 문을 닫든지 롤스크린을 위로 걷든지 해야겠는데 잠에 묶인 몸이 움직이질 않았다.

소리는 잠잠했다가 바람이 불 때마다 투투둑, 탁 타닥… 부딪치기를 반복했다. 그때마다 물기 머금은 바람이 들어와 이마를 쓰다듬곤 했다. 그 느낌이 청량해서 나중엔 봉이 부딪치는 소리를 기다렸다. 잠결에 그 소리를 세었다. 바람을 세는 것 같았다.

어느새 둔탁했던 소리가 풍경 소리로 들리기 시작했다.

오늘 낮엔 장마 끝에 든 햇빛이 눈부시다 못해 따가웠다. 햇볕에 고슬고슬 말린 침대커버를 씌우다가 내친김에 누워 버렸다. 한층 무성해진 숲, 깨끗하게 씻은 하늘과 구름을 내다보며 책을 읽는 시간이 얼마만인지. 이런 날은 밥을 안 먹어도 좋으리라.

그런데 창 밖에서 낮고 빠르게 날아가는 까치가 깍깍 까악깍, 냅다 소리치는 게 아닌가. 올해는 유난히 새가 많이 울었고 그중에는 십 년 동안 들어보지도 못했던 청아한 새 소리도 들었던 터라 까치 소리는 그중 음치에 가까운 소리였다. 게다가 무방비 정적 상태인 내 귀에 바짝 대고 악, 하고 놀리듯 갑자기 소리치는 폼이 평소에 제 소리를 우습게 아는 나를 약 올리는 것 같았다.

나는 벌떡 일어났다. 그놈의 꽁무니에 욕이라도 퍼부을 생각이었다.

"야, 이것아. 그것도 새소리 축에 속하냐."

그런데 그 말이 나오기도 전에 딱 한 움큼의 바람이 선뜻 내 가슴으로 달려드는 게 아닌가. 마치 까치가 갑자기 낸 큰 소리에 지나가던 바람이 맞아 튕기듯 창을 넘어 들어온 것처럼. 날갯짓으로 일으킨 바람이었다면 퍼져서 선들선들 들어와 방 안 공기부터 흔들었을 텐데, 어쩌면 공처럼 동그란 바람이 훅 날아들어올 수 있는지.

야구공만한 바람을 맞자 갑자기 웃음이 터지기 시작했다. 까치가 장난친 것이라면 내가 한 방 먹은 꼴이기 때문이었다.

사실은 얼마 전 다른 동네에 갔다가 오늘처럼 갑자기 들린 까치 소리에 나도 모르게 "거, 소리 한 번 드럽네" 했다가 남편에게 표현이 어째 그러냐는 핀잔을 듣고는 우물쭈물 "우리 동네 새들은 얼마나 예쁜 소리를 내는데…." 했던 기억이 났음이었다.

오늘 들은 까치 소리도 아주 짧은 순간을 흔든 풍경 소리였다.

정작 처마에 달린 작은 풍경은 바람이 불어도 흔들리질 않는다. 종보다 목어가 너무 작아 꼼짝을 못하기 때문이다. 헤엄치기를 멈춘 목어는 더 이상 제 구실을 하지 못한다. 울리지 않은 종은 플라스틱 봉만큼도, 음치 까치만도 소리를 내지 못한다.

세상은 흔들려야 한다. 그래야 바람이 분다. 세상은 소리가 나야 한다. 그래야 통할 수 있다.

내가 당신을 흔들 때, 곱고 맑은 소리로 다가가지 못하더라도 이해하시라. 아직 플라스틱처럼 뻣뻣하고, 타고 나기를 허스키 목소리여서 최선을 다해 불러도 고작 깍깍거리는 소리밖에 내지 못한다. 그러나 나는 바람을 일으키고 싶어 부지런히 흔들린다.

내가 흔들려 당신에게 가 닿을 때까지.

어디에서도 풍경 소리는 들린다.

사라지는 것들

빈 집 앞을 오갈 때마다 우편함이 있었던 자리에 자꾸 눈길이 간다.

판자 몇 쪽이 굴러다니는 것이 한때 빛났던 생이 추락한 것처럼 보인다. 아무도 꺼내지 않는 우편물만 쌓여갈 때, 그것이 소화불량처럼 거북하고 불편했던 것은 아닐까, 아니면 외로움 타는 아이처럼 혼자 있는 시간을 견디기 힘들었던 것일까. 나는 이상하게도 주인이 있었을 때는 눈여겨보지 않았던 우편함을 사물로 보지 못하고 버려진 애완견이라도 보는 듯한 기분이었다.

우리 집보다 몇 달 먼저 지은 그 집은 젊은 부부가 살았다. 새댁은 돌도 안 된 아이를 업고 마당에서 잡초를 뽑았고, 남자는 개집도 짓고 테이블을 만들기도 했다. 젊은 남자는 솜씨가 좋았다. 하얀 울타리를 치고 넝쿨 장미도 심었다. 문 앞에 빨간 우편함도 세웠다.

새댁은 붙임성이 좋아 누구하고나 잘 지냈다. 남편의 사업이 잘못 되어 손수 지은 집을 팔고 그 집에 전세를 산다는 것을 나중에 알았다. 몇 년 동안 가깝게 지내던 새댁이 얼마 전 이사를 갔다. 드는 정은 몰라도 나는 정은 안다고 빈 집을 볼 때마다 마음이 허전했다.

그런데 하루는 윗집 언니가 "참, 이상하지. 우편함이 폭삭 주저 앉아버렸어" 했다.

튼튼하게 잘 만든 우편함이었는데, 일부러 그것을 부술 사람도 없는데 비 오고 난 다음 날 아침 우편함이 부서졌다는 것이었다.

나는 무심결에 "우편함이 죽은 거 아닐까요." 했는데, 언니는 그 말을 듣고 웃지 않았다. 문득 언니의 마음에 짚이는 것이 있구나, 하는 생각이 들었다. 그것은 오래된 상수리나무였다.

언니는 상수리나무가 언니 때문에 죽었다고 생각하는 모양이다.

아프리카 부족이 나무 죽이는 이야기를 생각한 것일까. 그 부족은 쓸모없게 된 나무을 톱이나 칼로 베어 버리는 것이 아니라 온 부락민이 모여서 나무에게 저주를 퍼붓는다고 한다.

"너는 살 가치가 없다."

"차라리 죽어버리라."

그런 말을 들은 나무는 서서히 말라 죽는다는 이야기도 내가 언니에게 해주었다. 그런데 언니네 집에서도 같은 일이 생긴 것이었다.

산이 가까운 우리 동네는 오래된 나무들이 제법 많은 편이다. 우리 집 둘레에도 산벚나무와 버드나무가 있어 오래 가꾼 정원처럼 보인다. 윗집 언니가 부러워할 수밖에 없는 것이, 언니네는 오래된 나무라곤 상수리나무 하나뿐인데 나무는 키만 훌쩍 컸지 가지도 별로 없어 여름에 잎이 무성한 것도 아니고 가을에 도토리가 많이 열리는 것도 아니었다. 집의 조경을 방해하면 했지 어느 모로 보나 집하고는 어울리지 않는, 산에나 있어야 할 나무였다.

어느 날 무심코 보니 한여름에 그 나무만 낙엽으로 변해 있었다. 웬일이냐고 물어보니, 볼 때마다 키만 큰 것이 거슬려서 베어야겠다고 말했는데, 언제부턴가 잎이 마르더니 나무가 죽은 모양이라고 했다.

그게 마음에 걸리던 터에 우편함이 죽은 것 같다는 말을 했으니.

창가에 더덕 화분을 놓은 것은 바람에 더덕 향을 맡을까 해서였다.

더덕 꽃은 내가 좋아하는 꽃 중 하나다. 그런데 올해는 향도 꽃도 다 다른 놈들에게 빼앗겼다. 창틀 가까이 벌이 집을 지은 것이다. 게다가 거미는 더덕 줄기와 줄기 사이에 거미줄을 쳐놓았다. 벌과 거미가 각각 제 터전을 만들었으니, 거미줄에 덮인 더덕 꽃이 예쁘게 보일 리가 없었다. 오히려 벌이 집안에 들어올까 봐 창문도 열지 못했다.

어느 날 보니 벌집이 텅 비어 있었다. 거미줄도 마찬가지였다. 다들 어디로 갔지. 한순간에 사라진 것이 이해가 가지 않았다.

문득 여름이 간 것을 알았다. 한낮의 더위는 한여름 못지않지만, 분명 달랐다. 여전히 잔디는 푸르지만, 사이사이 끼어있는 잡초는 이제 더 이상 자라지 않았다. 그것들은 조금씩 투명해지고 있었다. 여름에는 몰랐는데 녹음이 무겁고 불투명했음을 알게 된 것은 노랗게 변한 콩잎이 말갛게 비쳐 보일 때였다. 벌이, 거미가 사라진 곳이 바로 저 투명한 시간이 아닐까.

가을이 온다는 것은 누군가가 조용히 사라져간다는 것이다. 인사도 없이 발자국 소리도 없이. 부서진 우편함, 고사한 나무, 점점 작게 피는 나팔꽃, 오래 곁에 있을 줄 알았는데 떠난 사람들….

이렇게 또 한 번의 가을을 살아내는 동안 나의 시간도 어느새 투명함 속으로 사라지고 있을 것이다.

서늘한 바람처럼, 엽록소를 거둬들인 잎사귀처럼.

날아라, 새

마당에서 무언가에 걸려 넘어질 뻔했다.

죽은 새다. 참새보다는 크고 비둘기보다는 작은데 날개가 잿빛이어서 알아보지 못한 것이다. 누가 왔다가 밟기라도 할까봐 발끝으로 툭 쳐서 화단 쪽으로 밀어놓고 걸음을 재촉한다. 몇 발자국 가지도 않아 발에 방금 전 찼던 새의 감촉이 느껴진다. 아무리 바빠도 발로 차버리는 게 아닌데.

집에 돌아와 눈밭에서 죽은 새를 찾는다. 직박구리다. 얼어 죽었는지 굶어 죽었는지, 혹은 수명을 다한 건지 알 수 없다.

몸통은 상한 데가 없는데 아주 가볍다. 한 쪽 눈알도 없다. 눈을 다쳐 날 수가 없었을까. 아니면 죽은 후에 다른 짐승이 건드린 것일까.

직박구리의 날개를 펴본다. 망가진 부챗살처럼 주르륵 도로

접힌다. 오그라진 발가락 사이로 손가락을 나뭇가지인 양 넣어 보기도 한다. 그러나 죽은 새는 그것을 움켜잡지 못한다.

이미 움직이지 못할 것을 알면서도 나는 새를 세워보기도 하고 만져보기도 한다. 무엇이 내 마음을 잡아 한참이나 새를 손에서 내려놓지 못하게 하는지 알 수 없다. 결국 도로 마른 풀섶에 놓고 들어올 거면서.

울타리 가 조팝나무에 앉아 있던 박새 몇 마리가 기척에 놀라 후다닥 다른 가지로 날아간다. 먼발치의 목련나무에 다닥다닥 앉아 얼핏 희고 검은 꽃처럼 보였던 까치들도 박새가 날자 일제히 날아오른다. 나무는 꽃 진 가지로 남는다.

새는 늘 그랬다.

쫓을 생각이 없는데도 언제나 쫓긴다. 한 번도 앉은 자리에서 편한 적이 없어 보인다. 눈동자를 불안하게 굴리면서 꽁지를 까딱까딱 까불리면서 도망갈 궁리부터 한다. 어쩌다 벌레 한 마리를 물고 있어도 편히 먹지 못한다. 새의 다리는 제 몸통을 지탱하기에도 턱없이 가늘어 앉아도 균형 잡기가 힘들어 보인다. 그나마 그 다리 없이는 어디에도 앉을 수 없을 텐데, 그 시간마저 늘 쫓긴다.

하늘을 나는 새를 보면 자유로워 보인다고들 하는데, 내 눈에는 고단하게만 보인다. 공중에서 나는 시간이 더 많은 새. 둥지라고 해봐야 알을 낳고 부화시키기 위한 임시처일 뿐, 먼 비행을 마치고 돌아갈 집은 아니지 않은가.

나는 새를 보면 즐겁지 않았다. 새가 지저귀는 소리가 노래로 들리지 않고 울음소리로 들렸기 때문에 귀도 닫고 싶었다.

나도 한때는 '비상'이라는 단어를 자유와 꿈의 상징으로 생각했다. 단단하고 넓은 날개로 어디로든 갈 수 있는 자유. 더 높이 오르려는 꿈. 바람에 저항해 맞서야 하는 것은 날갯죽지의 단련일 뿐, 그것이 시련이라고는 생각하지 않았다. 잠시 날개를 접은 새는 또 다른 도약을 위해 쉬고 있는 것이고, 새가 내는 소리는 노래라고 생각했다. 나는 '자유'로운 '비상'을 '꿈'꾸는 어린 새였다.

그러나 삶이라는 하늘은 늘 푸른 것만이 아니었고, 현실이라는 바람은 만만히 맞설 상대가 아니라는 것을 오래지 않아 알았다. 녹여버릴 듯 뜨거웠다가 무수한 바늘로 찌르듯 에였다가 어둠이 쉬이 걷히지 않는 밤도 되풀이되었다. 훈풍, 미풍을 만날 때보다 날개를 찢어버릴 것 같은 광풍을 만나 뒷걸음질 칠 때도 많았다. 어쩌다 쉴만한 나무를 찾아도 더 큰 새에 쫓겨 다른 가지로 옮겨 다녀야 했다. 노래를 부를 여유가 없었다.

비상 속에 꿈이 있다는 것은 남보다 높이 올라가려는 욕망을 미화한 말에 불과하다는 것을 늦기 전에 알게 된 것이 오히려 다행이다 싶었다.

날개를 접어 버리니 마음이 편했다. 넓은 하늘이 아니라도 새장 속도 살만 했다. 먹을 게 있고 편히 잘 수 있으면 되지, 애써 바람과 대항할 필요가 있을까. 욕심을 버렸다고 생각하니 갈등도 없었다.

그런데 아침부터 발끝에 들러붙은 느낌, 집에 돌아와 굳이 죽은 새를 찾았던 이유, 그것을 한참 동안 손 안에 올려놓고 바라보았던 행동을 어떻게 설명한단 말인가. 직박구리는 이제 고단한 비행을 끝냈으니 편안해졌을 거라고 생각하면 그만 아닌가. 그렇다면 새가 살았던 동안이 온통 힘겨운 싸움이기만 했을까.

눈알이 빠진 새. 내가 한참을 바라보는 사이, 어느새 빈 그 자리에는 유채꽃의 노란 물결이 가득 출렁댄다. 통통한 애벌레가 꼬물꼬물 기고 있다. 이삭이 널린 들판도 보인다. 깃털을 부비며 사랑을 나누는 몸짓과 알을 품는 모습, 새끼 새의 목구멍에 먹이를 넣어주는 부리도 보인다.

내가 만진 것은 죽은 새의 몸뚱이가 아니라 새가 살았을 때의 기록들이다. 날개를 펴고 날았을 때 깃털 하나하나에 새겨진 바람과 햇빛, 비와 눈의 기록들을 읽은 것이다.

그것은 새장에 가두고 모이만 배불리 먹여 이미 퇴화하기 시작한 어린 새의 날개에도 희미하게 남아, 푸득, 푸드득 좁은 새장을 치고 있다.

그 힘에 떠밀려 나는 새장의 빗장을 푼다.

밖에 나가니 새떼가 마당 한쪽에 버린 음식찌꺼기를 쪼아 먹다가 우르르 가지를 찾아 날아간다. 한 가지에 잠시도 앉아 있

내가 만진것은 죽은 새의 몸뚱이가 아니라
새가 살았을 때의 기록들이다.
깃털 하나하나에 새겨진 바람과 햇빛,
비와 눈의 기록들을 읽을 것이다.

지 못하고 또 다른 가지를 찾아간다. 호기심과 동경으로 꽁지가 들썩거린다. 뭐라고 저희끼리 수선을 떨더니 한꺼번에 다 날아가 버린다. 죽었던 직박구리도 털고 일어나 함께 날아간다.

어떤 놈인가 음표처럼 생긴 깃털 하나 떨어뜨리고 간다.

나비와 트럭

트럭은 잘못이 없다. 나비가 잘못한 것도 아니다.

아무도 잘못하지 않았는데, 나비는 트럭에 치어 죽었고 트럭은 그 사실을 모른다.

트럭 바퀴 아래 떨어지기 전에 이미 나비는 승용차에 부딪혀서 날개를 다쳤다. 균형을 잃은 나비는 겨우 여섯 개의 다리로 길 수 있는 정도였다.

처음 승용차에 부딪쳤을 때 나비는 죽지 않았다. 속도를 내는 도로였다면 이미 죽었을 것이다. 그런데 그 지점은 정지 신호를 받은 차들이 멈춰있는 곳이었다.

나비는 필사적으로 일어서려고 했고 어떻게든 살 수 있는 곳으로 기어가려고 했다. 나비의 걸음은 너무 더뎠고 기를 써서 기어도 신호등이 바뀌기 전에 도로를 건너 흙길로 갈 확률은 제

로로 보였다. 신호등이 곧 바뀔 텐데, 운 좋게 트럭 바퀴를 피해도 앞으로 밀려올 바퀴는 수를 셀 수 없이 많은데….

나비는 사력을 다해 기고 있었고, 트럭의 옆 차선에서 나는 그것을 보고 있었다. 저절로 발가락을 오그리며. 한편으론 내 차의 바퀴 쪽으로 기어오지 않는 것을 다행으로 여기면서. 나비 하나가 바퀴에 깔리는 느낌이 전해올 리 없지만, 나는 맨발로 죽은 동물의 등을 밟는다면 어떤 기분일까, 물컹한 불쾌감을 상상하며 고개를 흔들었다.

그뿐, 내가 본 풍경은 바뀐 신호등을 따라 좌회전을 하면서 끝났다.

나는 일부러 눈을 하늘 쪽으로 돌리며 핸들을 꺾었다. 마치 퍽 하고 터지는 소리나 우지직 부서지는 소리라도 듣게 될까봐 라디오 볼륨을 올렸다. 눈으로 확인한 것도 아니면서, 예정된 죽음이라는 생각에 들리지도 않을 소리를 상상하고 있었던 것이다.

그러면서도 가는 끄나풀 같은 희망을 버릴 수가 없었다.

어쩌면 나비는 내가 본 것처럼 많이 다친 것이 아닐지도 모른다. 부딪친 충격으로 잠시 멍해 있었을지 모른다. 나비는 금방 정신을 차리고 날개에 힘을 주었을 것이다. 바퀴가 움직이기 직전 그 검은 날개를 펄럭여 바닥을 떠났을 것이다. 나비는 독수리처럼….

그런 상상으로 끝까지 보지 않은 장면을 마무리 지으려고 했다.

독수리처럼 차고 올라오지 못하면 어때, 까마귀 정도도 괜찮지. 살 수만 있다면.

까마귀도 과한 욕심이면, 저보다 못하게 생긴 귀뚜라미라도 괜찮겠다. 튀어 올라 살 수만 있다면.

그런데 이미 내 머릿속에선 잘게 찢어진 검은 비단 조각이 흩날리고 있었다.

머리를 흔들어도 열 개의 질문, 스무 개의 대답, 서른 개의 부연설명이 끈덕지게 따라 붙었다.

사실을 알지 못했다면 책임이 없는가.

설령 알았다 해도 전혀 피할 방법이 없고, 피할 경우 더 큰 피해가 생길 상황이라면 차라리 작은 쪽을 희생하는 것이 선의의 선택이 아닌가.

한 쪽을 죽여야만 하는 선택이라면 죽는 쪽에서도 선의라고 생각할까.

아무것도 하지 않은 채 보기만 한 우연은 책임이 없는가.

누가 트럭이고 나비이고 보기만 한 사람인가.

눈을 감자 깜깜해졌다. 하늘에서 별이 우수수 떨어져버렸고 바다는 한 방울도 남지 않고 말라버렸다. 서 있는 나무도 더 이상 없었다. 공기도 바람도 사라졌다. 소리도 움직임도 다 멈췄다. 트럭도 사람도 없어졌다. 아무것도 남은 게 없었다. 우주가 통째 증발했다, 나비에겐.

오늘 나는 지나쳤고, 나비를 친 것은 트럭이라고 한다고 해도 마음이 가벼울 순 없다. 어쩔 수 없었다고 해도 내 발 아래서 깔려 죽은 것들이 한둘일까. 작고 하찮은 것이라는 기준은 나를 중심으로 했을 때의 일이다. 어쩌면 다른 기준에겐 나도 어쩔 수 없어서 밟았던 미미한 존재에 불과할 테니까.

나는 몇 번이고 나비를 밟았고 몇 번이고 나비처럼 밟혔다.

짧은 호접몽을 꾸었던 순간이었다.

결

결은 부드럽다.

잔잔하게 일렁이는 물결, 봄날 꽃잎을 떨구는 바람결, 젖내 나는 아기의 살결, 젊은 여인의 긴 머리결이 그렇다. 손때 탄 가구의 나뭇결, 말없이 마음이 통하는 사람의 숨결, 올올이 고운 비단결…. 결이라는 말이 들어가는 것들은 따뜻한 숨을 쉰다.

결이 부드러운 것은 켜로 이루어진 무늬가 하모니를 이루기 때문이다. 켜의 노래는 독창이 아닌 합창이다.

결은 '나'가 아닌 '우리'다.

끊임없이 기슭으로 밀려오는 물결은 어깨동무를 하면서 온다. 물결을 이룰 때, 높은 결이 낮은 결을 업신여기거나, 낮은 결이 높은 결을 부러워한다면 그 물결은 깨지고 말 것이다. 높은 결은 위의 자리에 연연하지 않고, 낮은 결은 아래 자리에서 포기하지 않기 때문에 출렁출렁 평화롭다.

바람결은 우주의 휘파람이다. 민들레 씨앗을 멀리 퍼뜨리고 땡볕을 견디게 해주며 만삭의 가을 들녘을 흔들어 이삭의 해산을 도울 때, 바람은 저도 기분 좋아 휘파람을 분다.

그러나 파도가 높이뛰기를 해서 해일과 풍랑이 되고, 바람이 광폭해져 울부짖을 때 물결과 바람결의 평화는 깨지고 만다.

켜의 하모니를 흔드는 것은 시간이다. 시간은 결을 변하게 만든다.

아기의 살결이 성장하면서 보드라움이 사라지면 아기는 소년이 되어 있다. 귓가에서 봄바람처럼 속삭이던 남자의 숨결이 멀어지면 소녀는 한바탕 울고 난 다음에 여자가 된다. 윤기 있고 풍성했던 여인의 머릿결이 빛을 잃고 숱마저 줄어버릴 때 비로소 그 여인은 어머니가 된다. 그때쯤이면 어머니가 혼수로 해온 결 고왔던 비단도 빛이 바랜다. 나뭇결을 쓰다듬던 가구는 치워진 지 오래 되었을 것이다.

한결같을 수 없음이다.

그것을 우리는 세월이라고 부른다.

2

다시 쓰는 '양치기 소년'

"늑대가 나타났다!"

다급하게 외치는 소리가 들린다. 사람들이 하던 일을 멈추고 양떼가 있는 곳으로 달려간다. 나도 몽둥이 하나 들고 따라간다.

도착해보니 늑대는커녕 양들은 평화롭게 풀을 뜯고 있고 소년은 깔깔 웃고 있다.

"또 속았죠?"

소년이 배꼽을 잡고 웃는 것을 본 사람들이 화를 낸다. 성질 급한 사람 하나가 소년의 멱살을 잡아 내동댕이친다. 다행히 일이 바쁜 때라 그쯤해서 사람들은 돌아선다.

잠시 후 뒤를 돌아보니 언덕 위에 혼자 서 있는 소년의 얼굴이 아까와는 다르다. 웃음기는 걷히고 간절하고 슬픈 눈빛으로 떠나는 사람들을 바라보고 있다. 나는 소년이 서 있는 쪽으로 간다. 의외라는 듯 소년의 얼굴이 차츰 환해진다. 가까이 다가가자 그제야 낯선 사람이라는 것을 알게 된 모양이다.

"아주머니는 누구세요?"

"동화책 밖에서 온 사람."

대답을 하고 잠시 망설인다. 소년에게 미리 말을 해주어야 하나. 참견하지 말아야 할까.

그러나 앞으로 끔찍할 일이 생길 걸 생각하니 소년을 위해서 말을 해야 할 것 같다. 작은 불씨를 놓치면 큰불로 번지는 건 시간문제고 이렇게 천연덕스럽게 거짓말을 하는 녀석을 그냥 두면 나중엔 더한 거짓말도 밥 먹듯 할 테니까. 사명감에 찬 목소리로 나는 소년이 아직 모르는 동화의 뒷부분을 말하기 시작한다.

정말 늑대가 나타나면 양들은 뿔뿔이 흩어지거나 피 흘리며 죽어가고 너조차 늑대의 공격을 받을지 모른다는 말에 소년은 잔뜩 긴장을 한다. 그때는 아무도 너를 도우러 오지 않을 거라는 말에는 저도 모르게 울음을 터트린다.

소년이 그 다음엔 어떻게 되느냐고 묻는다. 내가 알고 있는 이야기는 거기까지지만 소년은 그 후의 이야기를 더 궁금해 한다.

"아무래도 양을 지키지 못한 책임을 추궁 당하겠지. 잃어버린 양의 값을 쳐주든지, 감옥에 가든지, 마을에서 쫓겨날 수도 있고… 아무튼 양치기 일은 계속 할 수 없을 거야."

암담한 결과를 말하려니 한숨이 나온다. 소년은 가난해서 양의 값을 갚을 수 없겠지만 감옥을 가든 양치기 일을 못하게 되는 것은 괜찮다고 한다.

"그래도 사람들은 볼 수 있으니까요."

소년이 고개를 숙이고 조그맣게 말한다. 아까 본 소년의 눈빛이 왜 그렇게 간절했는지 알 것 같다.

장난이 초래할 결과는 생각할 수도 없이 그저 외로웠을 것이다. 말할 사람이 없었던 소년, 언제 늑대가 나타날지 모른다는 두려움 때문에 위급할 때 사람들이 달려올지 확인하고 싶었던 소년. 마을 사람들에겐 심심해서 한 장난으로밖에 보이지 않았던 거짓말은 절박한 호소였던 것이다.

소년은 오랜만에 말할 상대가 있다는 것을 놓치지 않으려는 듯 말을 잇는다.

"일생에 한 번 소원을 말할 수 있는 왕이 있었다죠. 왕은 매일 무슨 소원을 말할까 고민하다가 지쳐버렸대요. 그래서 하늘에다 대고 소리를 쳤대요. 저 별을 내 발 아래 두고 밟고 싶다고. 별이 우수수 떨어져 민들레가 되었고, 왕은 양치기가 되었대요. 민들레를 밟을 때마다 생각해요. 다시 왕이 된다면 그런 소원은 절대 말하지 않겠다고. 그리고 매일 소원을 생각하죠. 양치기를 벗어나는 것. 근데 소원은 남아 있지 않은 걸요. 별을 보며 이런 생각도 해요. 알퐁스 도데의 주인 아가씨가 찾아간 양치기는 누구였을까. 단 하루라도 아가씨가 내 어깨에 기대 잠드는 일이 있다면, 그 후로는 견딜만할 거라고요."

나는 내가 소년만 했을 때 오지 못했던 게 미안해진다. 지금의 나보다는 또래 친구였다면 더 반가웠을 텐데. 그러나 그때는 소년의 외로움을 읽지 못해 올 마음이 없었을 것이다.

동화 밖에서 온 어른답게 나는 소년에게 거짓말의 위험성에 대해 말해야 한다. 거짓말을 한 대가가 얼마나 혹독한지 알리기 위해 '빨간 구두'와 '피노키오'를 예를 든다.

"가난한 카렌을 양녀로 거둔 할머니를 생각하면 카렌은 거짓말을 하고 빨간 구두를 사지 말았어야지. 장례식장에 빨간 구두를 신고 갔다가 멈추지 않고 춤을 추게 되잖아. 사형집행인에게 발목을 잘라 달라고 애원하는 카렌이 얼마나 불쌍해. 피노키오도 마찬가지야. 사람이 되고 싶다면 말을 잘 듣고 거짓말을 하지 말았어야지."

순간 소년이 나를 노려본다.

"어른들은 그렇게 말하죠. 거짓말은 죄악이고 타락한 것이라고요. 발목이 잘린 카렌이 불쌍하다고요? 그걸로도 모자라 목발을 짚고 교회에 와서 참회의 눈물을 흘렸다고까지 썼잖아요. 피노키오도 마찬가지예요. 놀고 싶고 학교 가기 싫은 건 아이라면 있을 수 있는 일이잖아요. 그런데 거짓말을 하면 코가 길어진다는 공포심을 심어놓고, 사람으로 만들어준다며 조정하잖아요."

나는 소년이 쏟아내는 말에 말문이 막힌다.

내게도 참보다 거짓이 행복했던 순간이 있었음을 생각한다. 거짓의 환상이 위로가 되어 살아갈 힘이 된 적이 한 번도 없었다면 그것이 거짓일 것이다.

"나는 가난하고 외로운 양치기로 평생을 살아가야 한다는 것, 겨울에도 맨발인 카렌는 평생 빨간 구두는 가질 수 없다는 것, 피노키오는 나무인형에 불과하다는 것. 이것이 우리의 현실이고 참말이에요. 그 현실을 견뎌낸 것이 거짓말이었다고요."

어쩌면 아이 때부터 바른 것을 가르쳐야 한다는 어른의 강박관념일까. 아니면 욕망과 축적을 위해 밥 먹듯 거짓을 만들어내는 어른이, 아이들에게 미래의 자신을 되풀이하지 않게 하려는 선심형 세뇌일까. 생각해보면 내가 동화 속으로 뛰어 들어와 소년의 거짓말에 참견을 하게 된 것도 난투극을 벌이는 정치인들에 대한 신문기사를 본 것과 무관하진 않을 것이다.

소년에게 할 말이 없어 머뭇거리는 사이, 아까보다 훨씬 밝아진 얼굴로 소년이 말한다.

"그래도 다행이에요. 마지막 거짓말은 하지 않을 테니까요. 미리 알려주어서 고마워요. 내가 늑대가 나타났다고 소리쳤을 때, 사람들이 달려온 건 나보다 양 때문이라는 걸 알았어요. 이해해주지 않는 사람들에게 외로움을 호소하는 것이 허무하다는 것을 알았으니까 그런 일은 없을 거예요."

거짓말을 입에 달고 살고 장난칠 궁리만 한다고 생각했던 소년에게 의외의 말을 듣자, 어른들은 아이들을 모르고 있고 알려고도 하지 않는다는 것을 생각한다. 어른들은 저희들끼리 거짓말하기도 바쁘니까.

내가 무슨 자격으로 동화 속에 뛰어들었을까. 여기는 내가 있을 자리가 아니다. 그런데도 선뜻 일어서질 못한다.

"넌 더 외로운 시간을 보낼 텐데. 양치기 일이 싫다고 했잖아."

"걱정 마세요. 저 어린애 아니에요."

그 말을 듣고 보니 소년이 훤칠한 청년으로 보인다.

민들레가 별처럼 깔린 언덕을 내려오다가 돌아서서 소리를 지른다.

"넌 멋진 어른이 될 거야. 그땐 '별' 뜨는 밤, 아가씨가 올 거야."

"아주머니가 오셔도 반갑고요."

소년이 양 팔을 흔들며 대답한다. 소년이 흔드는 팔이 동그란 무지개로 보인다.

아이는 어른의 아버지라고 했던가.

지금도 쓰고 있는 '인어공주'

창문도 닫혀 있고 겨울이라 선풍기를 돌릴 일도 없었다. 어디서 들어온 바람인지 책장이 펄럭거렸다. 마침 안데르센 동화의 원전과 그의 생애를 통해 동화를 쓰게 된 배경을 설명한 『어른들을 위한 안데르센 동화』*를 읽고 막 덮으려던 참이었다.

펼쳐진 장은 '인어공주' 편이었다.

"오랜만에 만나 반가웠는데… 이름을 불러주지 않아 섭섭하네요."

작지만 또렷한 목소리가 들렸다.

"인어공주?"

"그래요. 당신이 수십 년 전에 나를 위해 울어주었던 그 인어공주예요."

"지금 어디 있는 거야? 이 책 속에?"

"당신 곁에요. 공기의 딸이 되었으니까요. 방금 전 읽고도 느끼지 못했나요?"

그랬다. 조금 전에 내가 알게 된 새로운 사실은 인어공주의 결말이 왕자를 죽이지 못하고 바닷물에 뛰어 들어 물거품이 된 것이 아니라는 것이었다. 인어의 수명은 300년이지만, 죽고 난 다음엔 영혼이 없어서 물거품이 되고 마는데, 공기의 정령이 되어 300년 동안 선한 일을 하면 비로소 불멸의 영혼을 얻는다는 것이었다.

그렇다면 인어공주는 안데르센이 동화를 발표한 1837년 4월부터 176년 동안 공기로 떠다니다가 나를 찾아왔다는 말인가.

정령이 하는 일은 뜨겁고 더운 곳에 시원한 바람을 보내고 꽃향기를 날라다 주어 상쾌한 기분을 만들어주는 것이라고 한다. 지금 창문이 닫힌 방에서 책장을 넘긴 바람도 인어공주의 정령이라는 건가.

그런데 바람으로 대신하는 목소리가 가볍게 느껴지질 않고, 물기 머금은 듯 가라앉은 것 같았다.

"오랫동안 떠돌아다니느라 지쳤어요. 마침 당신이 책을 펼쳤기에 그 속으로 들어가고 싶었어요. 안데르센에게 부탁하고 싶어요. 그림책이나 동화전집에 쓰여 있는 것처럼 물거품이 된 것으로 결말지어 달라고요."

인어공주는 애써 눈물을 참는 것 같았다. 원전에는 '아무도 모르게 아이들 집에 들어가 부모를 기쁘게 해서 귀염을 받는 아이를 발견하고 미소를 지으면 1년이 단축되지만, 예의바르지 못한 나쁜 아이를 보고 슬퍼하면 시련의 시간이 1년씩 늘어난다'고 했다. 지금 인어공주가 눈물을 흘린다면 남은 124년에 1년을 더하는 것이 될 것이다.

"넌 영혼을 얻고 싶어 했잖아. 인간이 인어를 사랑하면 그 사람의 영혼을 나눠 가질 수 있다는 할머니의 말을 듣고 왕자에게 접근한 것 아니었어?"

책을 읽은 지 얼마 되지 않아서인지 내 말투는 딱딱했다.

"열다섯 살 소녀의 첫사랑 상대가 위험한 인간 남자였다는 것, 가족과 목소리를 버리고 그에게 달려간 용기에 감동했던 당신을 속인 것이라고 생각하는군요. 내가 매일 칼날 위를 걷는 고통을 참으면서도 웃었던 게 단지 영혼을 얻기 위해서였다고… 다른 사람들도 당신처럼 환상이 깨져버렸다고 생각하겠군요."

인어공주의 목소리는 마른 잎 같아서 금방 바스라질 것 같았다.

어렸을 때 동화를 읽으면서 눈물이 났던 것도, 진실을 밝힐 말을 할 수 없다는 것보다 걸을 때마다 고통스러운 다리로 마지막 춤을 추는 장면 때문이었다. 모든 것을 버리고 사랑을 택한다는 것이 그렇게 큰 죄였을까 싶었고, 언니들의 간곡한 마음을 받아들여 바다로 돌아갔으면 했다. 그러면서도 인어공주가 아주 먼 길을 와버려 돌아갈 수 없을 것 같았다. 사랑이 달콤한 열매가 아니라 쓰고도 날카로운 가시라는 것을 맨 처음 알게 한 동화였다.

차마 사랑하는 사람의 가슴에 칼을 꽂지 못하고 죽음을 택하는 것이 옳은 선택이라고 받아들이면서, 우리는 사랑의 정의를 배웠는지 모른다.

그렇다면 그런 사랑을 한 인어공주나 그 사랑을 숭고한 것이라고 배웠던 우리에게, 300년 동안 선한 일을 하면 영혼으로 보상하겠다고 한 안데르센의 제안은 얼마나 교묘한 것인가. 그의 계산은 치밀하게 300년을 채울 수 없게 되어 있다. 다른 정령들도 착한 아이를 보고 기뻐하면 1년 단축되어 더 일찍 하늘나라로 올라갈 수 있다고 속삭이지만, 눈물을 흘리면 1년이 연장된다니, 기쁨보다 슬픔을 더 많이 겪으면 떠돌아다녀야 할 시간이 언제 끝날지 알 수 없는 계산법 아닌가.

나는 볼 수도 만질 수도 없지만 인어공주의 모습이 누더기가 되어 있을 것만 같아 영혼을 욕심낸 것으로 몰아세울 수가 없었다. 바다 왕국에서 가족의 사랑을 듬뿍 받으며 300년을 살 수 있는 것도 마다하고, 인간이 되려고 한 것은 영혼이 된 후에도 그와의 사랑을 이어가고 싶었던 절실함 때문이라는 것을 알 것 같았다.

이런 잔혹동화가 있을까. 사랑을 꿈꾸는 어린 소녀에게 모든 것을 빼앗고, 준 것이라곤 왕자 곁에 머물 수 있는 잠깐의 시간 뿐.

자신을 구한 여자를 끝내 알아보지 못한 어리석은 왕자를 통해, 사랑을 선택하려면 많은 것을 버리라는 압력의 메시지라고 해도 잔인한 것인데, 스스로 택한 소멸조차 빼앗아버리다니….

안데르센은 다른 동화에서도 구원이라는 명분을 내세워 소녀들을 제물 삼는다. 안데르센의 소녀들은 하나같이 가난하고 맨발이다.

빨간 구두를 신고 싶어 했던 카렌은 맨발이었다. 구두를 사줄 부모가 있는 아이라면 짓지 않아도 될 죄를 짓게 하여 발목을 자르게 했다. 이름조차 없는 성냥팔이 소녀를 눈 오는 밤에 맨발로 거리에 나서게 하고, 남의 집 창문 앞에서 성냥불 하나로 거위 고기를 보게 하고 몸을 녹이게 하다가 죽게 만들었다.

보호해줄 부모가 없는 소녀들에게 구두와 성냥으로 현혹하고, 잔인하게 '죽인' 다음에야 천사와 할머니의 영혼을 보낸다. 카렌의 심장은 '태양의 빛과 평화와 기쁨'으로 터져버리고, 성냥팔이 소녀는 '밝은 빛에 둘러싸여 할머니와 함께 새해의 기쁨'을 맛보았다고 말한다. 비참하고 희망 없는 소녀들이 평화와 행복을 구할 수 있는 방법은 죽음밖에 없는 걸까.

인어공주가 영혼을 얻을 수 있는 시간은 처음부터 주어지지 않았다. 곳곳에서 마주칠 또 다른 카렌, 성냥팔이 소녀… 얼마나 많은 눈물을 흘리며 떠돌게 할 생각이었을까.

우리가 동화를 읽으면서 처절한 주인공들을 보며 가슴 아파하고 동정하고 버림받는 것에 눈물을 흘리면서 그 눈물로 정화되어 좀 더 선해지길 바라는 마음에서 쓴 동화라고, 애써 이해해 보려고 해도 안데르센의 교묘한 계산을 생각하면 그저 잔혹동화에 불과할 뿐이다.

그런데 동화는 외면하면 그만이지만, 인어공주를 돌아갈 수 없게 만드는 슬픔 많은 세상이야말로 더 가혹하니 외면할 수도 없다.

가시밭 같고, 눈 쌓인 벌판 같은 세상에 아픈 발 질질 끌고 가는 아이들에게 보호해줄 사람도 따뜻한 집도 없는 잔혹동화를 지금 우리가 쓰면서 살고 있으니 말이다.

*『어른들을 위한 안데르센 동화』 우라야마 아키토시 지음 (베텔스만 출판사)

신발 일일야화(一日夜話)

신발장 안이 소란하다. 치고받고 우당탕거리는 소리 끝에 문이 열리더니 하이힐과 운동화가 떨어진다.

"네가 먼저 내 끈을 잡아 당겼잖아."

"흙 묻은 발로 밟은 게 누군데 그래."

바닥에 떨어져서도 두 켤레의 신발들은 질세라 언성을 높인다. 시끄러운 소리에 다른 신발들도 잠에서 깨어난다. 하이힐이 얼른 남자 구두 쪽으로 가더니 코맹맹이소리로 말한다.

"운동화가 산꼭대기 올라갔던 자랑을 하도 해서 나도 높은데 갔다 왔다고 말했거든. 어제 자기랑 스카이라운지 갔다고 하니까 운동화가 샘이 나서 내 코에 흙을 묻히잖아."

"높은 데라고 다 같니? 넌 15층 꼭대기에 올라갔다고 했지만 그게 네 걸음으로 간 거냐고? 엘리베이터 타고 갔다면서. 자랑할 걸 자랑해야지."

"하여튼 여자들이란. 이 신발장만 해도 그래. 여자 신발만 대체 몇 켤레야. 여럿이 있으면 꼭 말이 많아요."

남자 구두는 어느 한 쪽 말을 들어 줄 수가 없다는 듯 딴소리를 한다. 그 바람에 가만히 있던 여자 신발들이 발끈하고 일어난다.

"무슨 소리야. 우리가 신발장 많이 차지하고 산다고 불만인 거야."

"우리도 제각기 할 일이 따로 있다고. 하이힐, 운동화, 부츠, 샌들, 슬리퍼, 고무신 하나라도 없어봐. 주인 여자가 장소에 맞춰나갈 수 있나."

"제아무리 잘 차려 입어봐라. 신발 하나 잘못 신으면 얼마나 우스운 꼴이 되게? 우리가 작당해서 당신 코 납작하게 밟아 놓아볼까. 주인 남자가 양복 입고 운동화 신고 출근하는 모습 좀 보게?"

깔깔깔, 하하하, 낄낄낄… 신발장은 아까보다 더 소란하다.

한참 후, 잠잠한 가운데 한 구석에서 한숨소리가 들린다.

"이번 명절에나 바깥 구경 해보려나. 요즘 여자들은 불편하다고 갖춰 입을 줄을 몰라. 지난 번 동생 결혼식에 한복을 입고도 구두 신고 나갈 줄 누가 알았나. 이러다 삭아버리고 말겠어."

"고무신 언니, 나는 뭐 자주 찾아주나요. 굽이 높아 불편하다고 신고 다니는 내내 내 탓을 얼마나 하는데요. 겉으론 우아하게 웃으면서 테이블 밑에서는 벗어놓고, 나중에 발이 부어 안 들어간다고 탓해요. 키 커 보이고 싶어 나를 신고 나갔다가 집에 돌아오면 내동댕이치는 거 봐요."

가만히 듣던 운동화가 일부러 기침 소리를 낸다.

"난 그래도 하이힐이 제일 행복한 줄 알았지. 너를 찾아 신을 땐 주인 여자가 가장 화려하게 성장한 날이잖아. 게다가 넌 승용차도 타고 고급 음식점에도 가지 않니. 나에 비하면 넌 귀족이야. 난 주말마다 산에 따라 다니면서 얼마나 힘든데. 비탈길에 미끄러지긴 예사고 눈 속에 파묻히기도 해. 지난 주 걸린 감기가 낫지도 않았는데 내일 또 따라가야 해. 아프다고 누울 수도 없고."

남자 등산화가 껄껄 웃는다.

"눕고 싶다고? 그게 무얼 의미하는 말인 줄이나 알아. 곧 버림받는다는 소리야. 우리는 날 때부터 인간의 이동을 도와주기 위해서 생긴 거라고. 편한 길이든 험한 길이든 주인 발을 담고 걸을 때만 우리가 살아 있는 거야. 나도 산에 가면 긴장을 하기 때문에 목줄기가 뻣뻣해. 주인의 안전을 생각하느라 힘주고 사는 게 버릇이 되었지. 그래도 난 쉬고 싶은 생각은 한 적이 없어."

버림받는다는 말에 겁에 질려 울음을 터트린 것은 아이 신발이다.

"나는요, 꼬마주인이 발을 집어넣을 때마다 가슴이 조마조마해요. 발이 커지면 해지기도 전에 버려질 테니까요. 지난번에 나를 새로 신기면서 버렸던 친구는 낡지도 않았던 걸요. 주인아줌마가 그랬어요. '발만 쑥쑥 커라. 신이야 또 사주면 되지.' 나야말로 이 신발장에서 가장 짧게 살다갈 거예요."

아까 무안을 당했던 남자 구두가 아이 운동화를 쓰다듬는다.

"아이야, 부모의 희망은 아이들이 잘 자라주는 거란다. 네가 비록 몇 달 못 신고 버리는 신발이 될지라도 넌 짧게 사는 대신 부모에게 기쁨을 주잖니. 내 주인은 얼마나 무덤덤한지 모른다. 하루 종일 웃는 일도 즐거워하는 일도 별로 없어. 출근하고 일하고 퇴근하고 가끔씩 회식하고. 습관적으로 살다보니 술이 잔뜩 취해 필름이 끊어져도 발은 혼자 알아서 집으로 찾아와. 그때 의식도 불분명한 주인을 이끌고 비틀비틀 걸어 오다보면 알 수 없는 슬픔이 목에 꽉 잠긴다. '나도 한때는 포부가 컸었는데….' 하는 혼잣말을 들으면, 산다는 게 이런 건가 싶기도 하고."

다들 남자 구두의 말에 조용해진다. 집에만 있다고 투덜대려던 슬리퍼가 가만히 남자 구두의 얼굴을 닦아준다. 아까보다 광택이 난 구두가 목소리에 힘을 준다.

"자, 다들 힘을 내자고. 아까 누가 그랬지? 몫몫이 할 일이 있다고 말이야. 자기 몫에 충실한 것이 우리 신발들의 성공한 삶이니까 말이지."

시간이 얼마쯤 지났을까. 보행기용 아기 신발이 가만히 엄마를 부른다.

“엄마, 모두 자나 봐요. 우리가 이 상자 안에 있다는 것을 아무도 기억해주지 않아요. 엄마, 우리 여기 몇 년 동안이나 있었죠?”

“글쎄, 큰딸이 벌써 고등학생이 되었으니까 15, 6년은 되었나 보다.”

“난 한 번도 걸어본 적이 없어요. 그래서 아까 밖에서 하는 말을 들으면서 조금 울었어요. 엄마는 결혼식 때 신었던 구두라면서요? 아직 보석도 반짝거리고 예쁜데 왜 상자에서 꺼내주지 않는 거지요.”

“나는 이제 밖에 나가기엔 늦었어. 유행이 바뀌었거든. 그래도 난 추억의 길을 걸을 수 있는 신발이기 때문에 이 상자 속에서 사는 것도 좋아.”

“우리도 언젠가는 다른 신발처럼 버리지 않을까요.”

“추억을 소중하게 생각하는 사람은 당장 소용없는 물건이라도 버리지 않아. 나는 주인의 결혼식장에 걸어 들어갔고 신혼여행을 따라갔지. 너를 고르는 가게도 갔어. 그때 너를 고르던 주인의 얼굴이 얼마나 화사했는지, 신부 화장했을 때보다 훨씬 아름다웠어. 그 후론 나를 신고 아기를 안고 다닐 수가 없어서 더는 찾지 않았지만, 그때의 일만으로도 행복해.”

“엄마, 나도 엄마 말을 들으니 내가 가장 행복한 신발이라는 생각이 들어요."

상자 속의 신발들도 잠이 든다.

어느새 아침.

주인 남자는 이상하게 출근길이 가볍다는 생각이 든다. 신문을 집으러 나가던 여자도 슬리퍼가 따뜻하다는 생각을 한다. 아침 기온이 뚝 떨어졌는데도.

무사 귀환 보고합니다

충성! 본인은 주인님이 명하신 비밀지령을 무사히 수행하고 귀환했기에 보고합니다.

고맙다, 수고했다.

주인은 두 마디밖에 하지 않았지만, 눈가에 얼핏 물기가 비친다. 주인은 한참 동안 나를 쓰다듬다가 동료들이 있는 곳으로 보낸다.

"반갑다, 잘 갔다 왔어?"

"맛있는 거 많이 먹었어?"

"호주는 여기와 어떻게 달라?"

동료들이 질문공세를 퍼붓는다.

아쭈, 이것들 봐라. 언제부터 반말이야? 몇 달 전만 해도 굽실거리던 것들이 맞먹으려 들어? 내가 이 집안의 중심이었는데 말이다. 말없이 웃는 건 '푸른 꽃'뿐이다. 가장 보고 싶었던 얼굴, 혹시 내가 국제미아가 되면 다시 못 만날까봐 얼마나 노심초사했던가.

눈치 없는 것들이 또 입방아를 찧는다.

"푸른 꽃은 좋겠다. 짝꿍이 와서."

"그래, 만난 김에 뜨거운 포옹 어때?"

"아냐, 뽀뽀하라고 해."

"뽀뽀해, 뽀뽀해."

나 없는 새에 푸른 꽃에게도 무슨 일이 있었던 걸까. 낯선 얼굴 한 쌍이 보인다. 우리하곤 포스부터 다르다. 금빛이 번쩍번쩍한 게 위엄과 품위가 예사롭지 않다. 어리둥절한 나에게 푸른 꽃이 입을 연다.

"인사 드려. 아빠, 엄마야. 자기가 이 집 딸과 호주로 떠난 다음 날 바로 바뀌었어. 이제 내 주인은 아빠가 아니라 아들이야."

그제야 바뀐 서열의 전모를 이해할 것 같다. 주인은 외국에 나가는 딸의 짐을 싸면서 새 수저를 사지 않고 자신의 것인 나를 보냈다. 그리고 남편의 수저인 푸른 꽃은 아들을 주고 부부가 새 수저를 쓰게 된 모양이다.

주인은 나를 보내는 날, 조용히 일렀다. 딸이 굶지 않도록 네가 수고해 줘. 상한 음식 먹지 못하게 하고, 빵 같은 걸로 대충 때우게 하지 말고. 어디서 뭘 먹든 잘 챙겨주어야 한다.

한참을 만지작거리면서 한숨 쉬는 주인의 마음이 전해졌다. 주인은 자신이 따라 가지 못하는 길에 나를 보내면서 조금은 안심하는 것 같았다. 부모 대신 지켜라, 그것이 주인이 내게 준 비밀지령이었고, 나는 충실히 이행하였고, 이렇게 무사히 돌아왔다.

"처음엔 무척 걱정했는데 미역국, 김치볶음밥 사진 찍어 보냈을 때 안심했어. 어때, 간은 맞던?"

"아시잖아요. 따님 손끝 야무진 거. 처음 하는 것치곤 제법이던데요."

솔직히 기름이 둥둥 떠서 느끼하기까지 한 미역국의 간을 보는 건 고역이었다. 한 번 하면 며칠씩 먹었던 카레라이스는 어떻고. 이 집 딸은 지독하다. 맛으로 먹는 게 아니라 버리지 않으려고 먹는 것이었다. 애늙은이도 그런 애늙은이가 없었다. 호주에 있는 일곱 달 동안 버린 음식은 상한 우유 반 팩과 계란찜 남은 것, 딱 두 가지밖에 없었다.

"그래, 용돈 보내겠다고 은행 계좌번호 가르쳐 달라고 해도 끝까지 안 가르쳐줘서 속이 상했어. 갈 때 무슨 마음으로 갔는지 아니까."

주인이 거기까지 말하고 입을 다물었다. 식탁에서 처음부터 끝까지 보았던 나도 알 것 같았다. 딸은 대학 3학년이 되자 휴학을 하겠다고 했다. 아르바이트하고 여행을 가겠다고 했다. 처음엔 그게 워킹홀리데이를 뜻하는 줄 몰랐다. 딸은 그동안 모은

돈에 아르바이트를 해서 보탠 돈으로 비행기 표와 두 달 간 체류할 비용을 마련했다고 했고 나머지도 스스로 해결하겠다고 했다. 대학에 들어가자 서울 외가로 갔을 때와는 비교할 수 없이 걱정스러운 '홀로서기' 선언이었다. 이미 준비가 끝난 딸에게 주인이 해줄 수 있었던 건 고작 엄마가 쓰던 수저를 넣어주는 것밖엔 없어 보였다.

대학 1학년 때, 집 떠난 지 일주일도 되지 않아 엄마 표 된장찌개가 먹고 싶다고 내려왔던 딸 아닌가. 딸이 버스를 탈 때 자신도 모르게 뒤따라 탔다 돌아온 주인이었지만, 비행기는 따라 탈 수 없으니까.

그렇다고 딸과 엄마 사이가 썩 좋은 것은 아니었다. 주말에 왔다 갈 때마다 별 것도 아닌 일로 싸우곤 했다. 사이좋게 쇼핑을 나갔다가도 올 땐 서로 틀어져서 돌아오곤 했다.

주인은 남편에게 딸의 흉을 보곤 했다. "어디서 저렇게 지독한 것이 나왔을까." 그 대답을 누가 해준다고.

주인은 딸하고의 사이를 회복할 수 있는 건 떨어져 있는 동안 메일을 주고받는 거라고 생각한 것 같았다. 딸이 통화료 걱정을 해서 국제전화도 3분을 넘기는 것을 보지 못했다. 한 번은 주인이 딸이 부탁한 물건들을 소포로 보낸 적이 있었다. 주인은 한 번도 안 해본 인터넷 쇼핑몰을 뒤져 옷을 사서 보냈는데, 딴엔 자랑스럽게 가격을 말했다가 딸의 따발총 타박을 들어야 했다.

그때 둘이 9분 통화한 게 가장 긴 통화였다.

주인은 매일 메일을 보냈다. 내가 옆에서 보니 거의 먹을거리 타령이었다. 딸도 김치국수, 떡볶이 같은 것을 어떻게 만드느냐고 묻곤 했다. 같이 있을 땐 하지 않았던 집안 이야기, 아빠 흉도 죽이 맞아 잘 주고받았다. 난 그 관계가 오래 갈 거라곤 생각하지 않았다. 원래 식구라는 게 같이 있으면 못 잡아먹어 안달이고 떨어져 있으면 애면글면하는 사이 아닌가.

그런데 웬걸? 딸이 돌아온 지 넉 달이 되었는데 아직까지 큰소리가 오간 적이 없었다.

돌아온 후, 딸이 주말에만 집에 돌아오기 때문에 나는 동료들의 부러움을 사면서 쉬고 있다. 고등학교 아들을 주인으로 모시는 푸른 꽃은 자다가도 한밤에 불려 나가기 때문에 나를 흘겨보기도 한다. 일주일 내내 놀면서 주말에 맛있는 건 혼자 다 먹는다고 불만이다. 그러나 모르는 말씀. 우리가 제일 행복할 때는 하루도 쉬는 날이 없을 때라는 것을. 식탁에 네 벌의 수저를 올릴 때 주인의 얼굴이 저리 밝은 것을 보면 알지 않겠는가.

월요일 아침, 나는 개수대에 처박혀 있다. 밥풀 찌꺼기와 김치 국물에 뒤덮인 채. '붉은 꽃'이라는 내 이름이 무색할 지경이다. 무사 귀환하던 날의 감격은 온데간데없고 딸이 올라갔다고 저리도 퍼져있는 우리 주인. 아이쿠, 아주머니.

간고등어 한 손의 전설

재래시장이든 대형마트든 생선가게에서 제일 먼저 눈길이 가는 것은 간고등어다. 계절을 타는 것도 아니고 한결같이 제 자리를 차지하고 있으니 늘 보는 것인데도, 내 눈엔 간고등어가 다른 생선하고는 달리 더 빛나 보인다.

빛나기로 치면 갈치를 따를 것이 없다. 실크 스카프를 닮은 우아한 몸통으로 생선 가게를 빛내는 아우라를 품어낸다. 그에 반해 못생기기로 치면 서열 1위인 아귀도 조기 한 마리쯤 통째 삼킬 만큼 큰 입 때문에 강한 포스로 한자리 차지한다.

그러나 실크로 휘감은 귀족 갈치도, 무시무시하게 생긴 깡패 아귀도 내 손으로 넘어올 땐 몇 토막으로 쳐진 상태라 아우라나 힘은 잠깐의 환영일 뿐, 처참한 사체를 수습하는 기분까지 든다. 굴비 한 두릅도 받아들면 처치곤란한 군식구들을 보는 듯 부담스러워진다. 스무 마리를 놓고 번번이 짜야할 메뉴와 그것이 냉동실에서 차지할 공간을 생각하면 귀찮아져 지레 손을 놓기 일쑤다.

간고등어는 다르다. 두 마리가 한 손이라 한 마리는 그 날 먹고 한 마리는 여유분으로 남길 수 있어서 좋다. 두 마리가 나란히 포개서 누워 있는 것을 보면 에로틱해 보이기까지 해 눈이 번쩍 뜨인다. 포개 있어도 그냥 포개 있는 게 아니다. 내장까지 비우고 갈비뼈 가장 안쪽으로 끌어당겨 한 치의 틈도 없이 밀착되어 있으니, 한참 바라보고 있으면 에로틱을 넘어 결연하고 애틋한 느낌까지 드는 것이다.

물고기를 부르는 이름이 '생선'이 되면 그것들은 햄이나 소시지가 그렇듯 진열대의 상품이 되고 만다. 그러나 두 마리의 고등어는 소금에 절여져 '한 손'이 되는 순간 포장단위를 넘어선다. 내장의 거리조차 허용치 않고 끌어안기만 했나, 아가미까지 고리처럼 걸려 있는 것을 보면 그럴 수밖에 없는 어떤 스토리를 품고 있는 것만 같다.

고등어가 차디찬 바다의 색과 희게 부서지는 파도의 문양을 그대로 등에 새긴 것만 봐도 예사롭지 않아 보인다. 만약 물고기 세계에도 성격이나 심성이 있다면 고등어는 냉정하고 이성적인 성격에 가까울 것 같다. 갈치처럼 미적거리는 미련을 길게 남기지도 않을 것 같고, 아귀처럼 막무가내 포악하지도 않을 것이다. 제 몸통의 유선형을 닮아 불필요한 것은 과감히 버리고 가벼이 치장하는 것도 좋아하지 않을 것이다. 바다의 문장을 받았으니 도도한 자존심도 만만치 않으리라.

그것은 절이지 않은 고등어를 보았을 때의 느낌이다. 그런데 죽은 후엔 존재에서 바로 부패로 넘어가는 생고등어와는 다르게, 간고등어는 살아서 다 못한 한을 소금에 절여서라도 생의 기억을 연장하려는 것처럼 보인다. 한 마리였을 때는 곁을 주지 않을 것처럼 보였던 것이 두 마리가 꼭 끌어안고 있으니 죽어서도 놓지 못할 절절한 사연이 있을 것만 같다. 어쩌면 등 물결 문양에 그들만의 전설을 알타미라 벽화처럼 새겨놓은 것은 아닐까.

두 마리의 고등어는 안도현의 동화 「연어」에 나오는 '은빛 연어'와 '눈 맑은 연어'처럼 특별한 사이일까. 수백, 수천의 무리가 떼 지어 다니면서 멸치 사냥에 나서고, 고등어 떼를 노리는 갈매기와 낚시꾼의 낚싯대를 피하면서도 항상 붙어 다녔던 것일까. 넓은 바다에서라면 그럴 수도 있겠다.

그러나 그물에 걸려 건져지는 광경을 보면 설득력이 떨어진다. 그물 속에서 몸통끼리 부딪치면 미끄러질 것이고, 맞잡을 손도 없으니 제 짝을 찾기란 기적에 가까운 일일 것이다. 포획되어 무더기로 쏟아져 소금에 절여질 때는 순전히 뱃사람의 손에 잡히는 대로 한 쌍이 되었을 것인데, 어떤 사람이 특별한 사이인 줄 알고 짝을 맞춰줄 것인가. 그저 무작위로 걸려 야무지게 묶여진 두 마리 생선일 뿐.

그게 언제였을까. 마디 굵은 어떤 손이 고등어 두 마리를
들어 툭툭 소금에 절였던 때가. 그 손등에 눈물이
떨어지고, 눈물의 염분마저 보태져 아직까지 부패하지
않는 간고등어로 남은 그 오랜 사랑의 기억은.

상상력이 거기에서 멈추자, 오늘 먹을지 나중에 먹을지 결정해야할 일만 남았다. 시들해진 나는 고등어를 먹고 싶은 마음조차 가셔서 냉동고에 넣기로 한다. 꽉 찬 냉동고에 밀어 넣다시피 하고 돌아서는데 문이 열리면서 간고등어가 툭 떨어진다.

다 들어주지 않은 이야기가 있다는 듯이.

다시 식탁에 올려놓고 한참을 바라보고 있자니, 이 간고등어 한 손에 어떤 전설이 있을 거라는 게 분명해진다.

그것은 맨 처음 두 마리의 고등어를 '한 손'으로 절일 생각을 한 어부의 이야기일 거라는.

죽음으로도 포기할 수 없는 사랑, 그걸 견딜 수 없었던 한 사람의 염원이 아니었을까. 펄떡거렸던 심장 다 녹고나도 더 당겨서 뼈에 새기고 싶었던 절박함을 고등어에게 표식으로 남긴 건 아닌지. 뜨거웠던 입맞춤 그대로 불이 되어 입술이 녹아떨어질까봐 고등어의 아가미를 엮어놓았는지도.

강화도 전등사의 대웅보전 처마에 배신한 여인의 형상을 깎아놓은 도편수나, 선덕여왕을 짝사랑해서 불귀신이 되었다는 지귀처럼 알려지진 않았어도 그 못지않게 지독했던 어떤 어부의 사연이 간고등어 한 손으로 전해지는 것은 아닐까.

그게 언제였을까. 마디 굵은 어떤 손이 고등어 두 마리를 들어 툭툭 소금에 절였던 때가. 그 손등에 눈물이 떨어지고, 눈물의 염분마저 보태져 아직까지 부패하지 않는 간고등어로 남은 그 사랑의 기원은.

주 인

집은 가장 큰 목적이었다.

처음부터 집이 목표는 아니었는데, 집을 가져보니까 알게 되었다. 옮겨 다닐 걱정이 없어 좋았다. 흠집을 낼까봐 조심하지 않아도 좋았다. 누구에게게 보여줄 수 있어서도 좋았다. 집을 가지고 나서야 그 전에 내가 얼마나 헛헛해 했는지 알았다.

집을 나설 땐 어깨가 펴지고 걸음이 당당해지고 얼굴에 생기가 돈다.

10년. 그동안 난 주인으로 우쭐했다.

어느 해 4월에 벚나무 여섯 그루에 홀려 이것저것 알아보지도 않고 땅을 샀다.

개나리가 지붕 높이만큼 자라고, 지팡이 같던 층층나무가 제법 자라 부챗살 가지 위에 흰 꽃을 무늬로 올려놓는 시간이 이 집과 같이 흘렀다. 그동안 집의 주인이라는 내 생각은 변함이 없었다.

그런데 올 봄부터는 그 생각이 흔들리기 시작한다. 이 집에 사는 주인이 너무 많다는 것을 알게 된 것이다.

여름이 시작할 무렵부터 슬슬 나타나는 개미떼를 시작으로 거미, 쥐며느리, 돈벌레, 지네, 집게벌레가 집안 곳곳을 차지하고, 마당에선 뱀과 두더지가 영역 싸움을 한다. 지붕부터 바닥까지 자리를 차지한 것들이 수를 셀 수 없을 정도다. 한밤중에 일어나 화장실에 가려고 전등을 켜면 동전만한 바퀴벌레가 숨는 것은 일도 아니다. 느닷없이 튀어 오르는 곱등이는 연가시가 있다고 해서 잡는 것도 찜찜하다. 그것들을 보지 않으려면 스위치를 올리기 전에 기척을 내고 눈을 감고 전등을 켠 뒤에 바퀴벌레와 곱등이가 숨을 시간까지 기다렸다가 화장실 문을 여는 수밖에 없다.

이쯤 되면 나는 약이 올라 죽을 지경이다.

집 하나를 목적으로 죽자고 살아왔는데, 내가 힘들여 지은 집에서 손 안대고 자리 잡은 저것들은 뭐야. 여긴 엄연히 내 이름으로 '등기'된 내 땅, 내 집이라니까.

오늘은 천장의 쥐가 유난히 더 시끄럽다.

이봐, 당신이 말하는 돈 주고 샀다는 종이쪽 이름이 뭐랬지? 등기부등본? 껌 씹는 소리 하네. 내가 껌 한 번 씹어봐? 억억(億

憶)대며 울어봤자 나한텐 굴러다니는 오징어 다리만도 못하다!

그래서 나는 주인 많은 집의 관리인으로 사는 것을 받아들일 생각이었다.

대단하지 않은가. 사나운 맹수에게 위협 받아 쫓겨난 것도 아니고 미물과 무생물조차 주인으로 인정한다는 것은 아무나 할 수 있는 일이 아니지 않은가. 내가 이 집에 살면서 수필가라는 이름으로 살고 있고, 그 정도의 자리라면 남다른 생각을 한다는 것도 보여줄 수 있으니까 양보하고 동거할 마음을 가지게 된 것이다. 그렇게 글을 마무리할 생각이었다.

오늘 생각지도 않았던 존재가 말을 걸어오기 전까지는.

허리가 삐끗하여 병원에 갔는데 엑스레이 결과는 한 번도 생각하지 않았던 말을 쏟아낸다.

"무릎의 연골 상태가 3기예요."

의학적으로 초기라면 몰라도 3기라는 말은 충격 받기에 충분한 수치였다.

노인이 되어서야 맞을 거라고 생각했던 주사를 맞고 일어서는데, 방금 전의 내 다리가 아니다.

'이혜숙'이라고 등기한 몸에서 주인으로 사는 줄 알았는데 거기서도 내가 주인은 아니었다.

한 생(生)이 온통 빌린 것들뿐이구나. 다 쓰고 돌려줄 때, 함부로 써서 너덜너덜해진 것을 어떻게 내놓을까.

내게 없는 '사흘 동안'

- 오늘

'오늘' 나는 죽었다.

갑자기. 예기치도 않게. 준비도 없이.

태어났을 때 이미 예정된 날이었지만 그게 오늘일 줄은 몰랐다. 마음의 준비를 할 수 있었다면 좀 나았을까. 삶을 정리하고 유언을 남길 수 있었다면, 제법 품위 있는 죽음이 되었을까.

근데 느닷없이 죽음이 손목을 낚아채는 바람에 경황없이 끌려 나오고 만 것이다. 나를 담았던 저 육신으로부터.

튕겨진 후 직접 보니 내 얼굴이 이렇게 생겼구나. 짝짝이 눈, 꺼진 코, 가지런하지 못한 치아, 살아서는 하나같이 불만스럽더니 참 정답고 예쁘구나. 아직 쓸 만한데…. 검고 풍성한 머리카락, 봉긋한 가슴, 아직 탄력을 잃지 않은 살, 아까워라. 맹장수

술 한 번 한 적 없고 골절 한 번 입은 적 없는 장기와 뼈는 어떻게 하고.

이 사실을 알게 될 사람들은 어떤 기분일까.

우선 남편. 오늘 저녁 회식을 한다고 했는데, 만일 술자리에서 소식을 듣는다면? 술이 확 깰까? 그 사실을 받아들이기까지 얼마나 걸릴까? 제일 먼저 무슨 생각을 할까?

딸은 그 소식을 믿을 수 있을까. 저녁에 낙지볶음 해놓겠다던 엄마 목소리가 아직 귀에 생생할 텐데…. 다음 주 첫 미팅 한다고 했는데 엄마가 되어 그걸 방해하게 되다니.

부모상이니 결석인정을 받고 교실 대신 영안실에 있어야 할 아들은 어떻고. 상주랍시고 무릎이 아프도록 절해야 할 텐데, 곡소리도 못 내고 비질비질 눈물 훔칠 텐데, 내일 모레 집에 들어오면서 저도 모르게 '엄마, 나 왔어요' 소리 지를 텐데, 그때 대답할 수 없다는 게….

- 내일

'내일'이라는 시간을 오늘이라고 말할 수 없는 날이 누구에게나 온다, 딱 한 번. 어제 죽은 나도 '오늘'이라고 말할 자격이 없다. 시신이라는 낯선 이름으로 지상에 남아있는 이 하루가 산 사람들 곁에 있을 수 있는 마지막 날이다. 제발 내가 죽었다는 사실을 바로 받아들이지 말아다오. 아직 나도 죽었다는 것을 믿을 수가 없다. 어제까지 같이 말하고 웃던 당신들과 나 사이에 그어진 경계가 너무 낯설다.

빳빳하게 굳은 세포 속으로 냉기가 스미어 차츰 허옇게 얼어 가는 냉동고지만, 당신들이 앉아 있는 영안실이 멀지 않다는 것만으로도 위안이 된다.

무슨 미련인가. 떠난 곳의 평가가 뭐 그리 중요하다고 나는 곁에서 서성이며 귀를 기울이나. 육개장과 편육, 홍어회무침이 차려진 상 앞에서 당신들은 내 이야기를 한다.

상에 밥의 촌수가 차려지는구나. 먹는 양과 속도, 나누는 말의 내용에 따라 촌수가 달라지는구나. 사는 동안 맺은 관계에 놀란다. 시댁 쪽으로는 며느리, 시누이, 형수, 조카며느리, 외숙모라는 관계. 친정 쪽으로는 딸, 조카, 고모, 이모, 이종사촌이라는 관계. 가족으로는 아내, 엄마라는 관계로 촌수의 가지를 이리 많이 뻗고 살았다니. 친구가 찾아오고 글 쓰면서 만난 사람들이 찾아오고 글방에서 가르친 제자들이 찾아오고.

살아서의 버릇 버리지 못해, 제일 궁금한 건 글에 관한 얘기다. 누군가 유고집 한 권 내야 하지 않냐 하는 말을 하면 어쩌지. 컴퓨터에서 발표하지 않은 글 찾았다가 나올 게 없다면 얼마나 망신이랴. 살아 있을 때 왜 치열하게 쓰지 못했나.

- 모레

'모레'라는 시간이 나에겐 가장 두려운 시간이다.

내 것인 줄만 알았던 몸이, 냉동고에서 나올 때 소유권은 이미 내게서 떠났다. 오래 두면 부패할 '물건'으로 분류되어 지상에서 영원히 추방되는 날이다.

행여 풀고 나올까봐 꼭꼭 동여매고도 모자라 못질까지 한 상자를 운구차에 싣는 시간이 이른 아침쯤 될까. 환한 얼굴의 사진 한 장, 영정사진이라는 이름으로 검은 띠 하나 두르고 호강한다. 그 종이쪽이 나를 대신해서 승용차에 오른다.

포클레인이 파놓은 구덩이에 꽝꽝 묻히는데 몇 시간 걸리지도 않을 것이다. 그저께 숨 쉬고 말하고 걷고 휘둘렀던 육신이 나무토막처럼 굳어져 부리는 대로 들어갈 수밖에 없겠구나.

동그랗게 솟은 새 봉분 앞에서, 다들 첫날의 놀람이 진정되자 살아갈 일을 이야기 하고 벌써 돌아간다, …간다. 해는 빨리 기울고 이내 어둠이 온다, …온다. 깜깜해진 무덤 속까지 어둠이 스밀까. 어느 산, 어느 들인지 모를 곳에 혼자 남는다, …남는다.

나를 위해 울었던 사람들이 집으로 돌아가 누운 시간에 무덤 속에서 말똥말똥, 나는 처음 맞는 밤을 어떻게 보내야 하나….

- 다시 오늘

'다시 오늘'이라고 써놓고는 안경을 벗는다. 활자가 흐릿해서 보이지 않는 컴퓨터 화면에서 눈을 뗀다. 숨을 몰아쉰다. 오늘, 내일, 모레 사흘을 헤매는 동안 잔뜩 긴장했었나보다. 무슨 이유로 내 장례식에 관한 이야길 시작해서 '지레 죽는' 짓을 했는지 모르겠다.

그런데 쓰다 보니 죽고 난 다음에 그렇게 미련이 많을 줄 몰랐다. 저승사자가 왔다가 장광설에 짜증나 물러날 것 같다. 그래서 다시 맞은 오늘도 살아 있는 건가. 사는 동안엔 죽지 못해 사는 것처럼 불평하더니, 이리도 집착하다니.

하고 싶은 일이 많이 남아 있다는 것, 사랑하는 사람들이 많다는 것에 안심한다. 결국 오고 말겠지만 내게는 없을 언젠가의 사흘이 아직 있다는 것에 감사하다.

재깍재깍, 그 사이 오늘이 줄어드는 소리….

아이가 울고 있다

비 오는 저녁이다. 남편과 들른 감자탕집은 자리가 몇 없다. 밥보다는 술 한 잔 생각나 간 집이라 김이 서려 부연 실내와 왁자지껄한 분위기가 싫지 않다. 우리처럼 술 고픈 사람들이 비를 핑계로 술잔을 나누고 있는 것처럼 보여 오히려 정겹다.

그런데 뒷자리에서 째지는 여자의 목소리가 들린다. 누가 싸우나 싶어 돌아보니, 여자 혼자 소리를 지르고 있다. 맞은편에 누가 있긴 하다. 두꺼운 파커에 묻혀 머리만 조금 드러난 초등학생 남자 아이.

엄마로 보이는 여자는 벌써 세 병째 소주병을 따고 있다. 저녁 시간에 식당에 온 모자치고는 분위기가 이상하다.

"내가 못 배운 놈 만나서 너 같은 걸 낳은 거야!"

"……."

"난 지금도 니가 내 아들이 맞는지 모르겠어. 아니, 아니면 좋겠어. 너만 안 나왔어도…."

아이는 고개를 푹 숙인 채 한마디 대꾸도 없다. 어쩌면 휴대전화만 만지작거리고 있는지도 모른다.

시킨 감자탕이 나왔는데도 숟가락을 대볼 생각도 못한 채 내 귀는 이미 그들의 테이블에 가 있다. 뒷자리라 돌아볼 순 없었지만, 난 아이가 게임에 몰두하고 있길 바란다. 제 엄마가 뭐라고 지껄이든 미친 듯이 엄지손가락에 집중하기를. 근처 초등학교에 다닐 텐데, 같은 반 친구라도 만나면 어쩌나. 엄마의 폭언보다 그게 더 두려울 것 같아서 내가 다 초조하다.

"니가 날 속였지, 나쁜 놈."

아이한테 하는 소린지 남편한테 하는 소린지 여자의 말이 오락가락해질 즈음, 아이는 조용히 맞은편으로 건너가 엄마에게 옷을 입힌다. 실컷 퍼부었는지 여자도 그쯤에서 비틀거리며 일어난다.

여자가 카운터에서 계산을 하는 동안 아이는 우산을 펴고 기다린다. 제 가방과 엄마의 백까지 메고 아이는 엄마의 허리를 잡고 빗속으로 사라진다.

깨끗이 치워진 뒷자리는 이내 다른 손님들의 차지다. 조용해졌으니 이제부터 감자탕을 먹어도 될 텐데 나는 이미 밥맛도 술맛도 당기지 않는다.

결국 먹는 둥 마는 둥 우리는 일어선다. 비는 그칠 줄 모른다. 돌아오는 차 안에서도 내 마음은 개지 않는다.

아이는 조용히 있었지만 내겐 속울음 소리가 들린다. 무표정한 아이가 온몸으로 매를 맞고 있는 것도 보인다. 그 매를 맞으며 오그릴 대로 오그려 옷밖에 보이지 않던 아이를, 그러나 나는 모른 체 하고 말았다.

답답하여 차 창문을 조금 내리자 빗줄기가 쏟아져 들어온다.

"나를 보는 것 같아."

"무슨 말이야, 여기서 당신이 왜 나와?"

남편은 모른다. 어떤 엄마는 손으로, 말로 때리지 않아도 아이에게 상처를 준다는 것을.

내 아이는 저 아이보다 어렸을 때 술 취해 비틀거리는 엄마의 손을 잡았다. 걸음마를 뗀 지 얼마 되지도 않은 나이였다.

아이와 버스를 타고 오다가 집만 아니면 어디라도 좋을 것 같은 심정으로 차에서 내려 길을 건넜던, 어스름 무렵에 허름한 밥집에서 처네를 풀고 밥 한 그릇 술 한 병을 시켰던, 아이 입에 밥 한 술, 내 앞에 술 한 잔 따랐던….

오래 되었어도 생생한 그날을, 어렸던 아이는 기억 못할 거라고 해도 나는 자유롭지 못하다. 소리 지르지 않았고 때리지 않았다 해도 그날 아이는 상처를 입었을 테니까. 저를 쳐다보지도 않는 퀭한 눈동자, 일어날 때 비틀거리는 걸음걸이를 보면서 아이는 문득 엄마가 아닌 낯선 여자를 보는 것 같았을 것이다.

불안한 아이는 눈치를 봤다. 투정도 하지 않고 주는 대로 밥을 받아먹었고 몇 시간이고 얌전히 앉아 있었다. 집에서 나올 때는 업혔던 아이가 신호등 앞에서 엄마의 손을 꼭 쥐고 서 있었다.

"엄마, 우리도 빨리 뛰자."

뒤뚱거리면서 손을 놓지 않고 앞장서던 아이. 그때 세 살짜리는 저 아니면 엄마를 보호할 사람이 없다는 것을 알았던 것일까. 신호등이 바뀌기 전에 사람들 속에 섞여 건너야 한다는 것을 처음 깨달았을 때 아이는 얼마나 무서웠을까. 엄마조차 없는 도로 한복판에 혼자 남은 아이….

며칠이 지나도 그 여자가 밉다. 아니 시시각각 일부러 그 여자를 떠올리면서 미워하려고 한다. 나서지 못한 지금의 나도 기억 속의 나도 같이 괴롭힌다. 그래야 조금이라도 잘못을 덜어낼 것처럼.

그러다 어느 날, 불현듯 운다. 한참을 미워해도 풀지 못했는데, 어떤 조각 하나가 불쑥 떠올라 울음 주머니를 터뜨린다. 상처를 준 아이들에게 미안해서가 아니다. 속울음과 쓴 뿌리를 안고 키우고 있었던 나를 보았고 그 여자를 보았기 때문이다.

엄마 노릇을 못했다는 자책감에 가려 보지 못했던 내 상처. 집이 위안이 되기는커녕 떠나고만 싶었던, 하루하루가 버거워

여자 안의 여자가 울고 있다.
내 안의 나도 운다.
어른이 되었어도 누구에게도
위로 받지 못했던 아이가
웅크리고 앉아 운다.
2013

견딜 수가 없었던 절망. 아무렇지 않은 듯 돌아가기 위해서는 밖에서 몇 시간이나마 벌어야 했던 그때. 혼자였다면 좋았을 것을, 그럴 수 없어 아이에게 밥을 먹이며 술을 마셨던 젊은 엄마가 수면 위로 떠오른다.

그 여자도 마찬가지였을 것이다. 술에서 깨었을 때 입이라도 쥐어뜯고 싶은 고통을 맛보았을 것이다. 인사불성이 되어 소리지를 수밖에 없었던 그 여자의 절망이 고스란히 보인다. 차라리 혼자 마시고 취해버렸다면 홀가분해졌을지도 모르는데, 여자는 아이에게 밥을 먹이려고 데리고 있었다. 어쩌면 너무 외로워서 아이라도 곁에 두고 싶었을까.

여자 안의 여자가 울고 있다. 내 안의 나도 운다. 어른이 되었어도 누구에게도 위로 받지 못했던 아이가 웅크리고 앉아 운다. 받고 싶은 위로를 고작 분노로밖에 표현할 수 없었던 게 미안하고 부끄러워서 운다.

그래도 그 울음을 잦아들게 하는 것은, 혼자 있게 두지 않은 아이.

같이 밥을 먹어주고, 옷을 입혀주고, 우산을 씌우고 허리를 감싸준 내 아들, 그리고 수없이 손을 잡아준 내 아들, …고맙다.

꿈과 기억 사이

"하나, 둘, 셋…."

더 이상 세지 못하고 정신을 놓는다. 몇 방울의 액체가 몸속에 들어가 마취라는 권력으로 정신과 육체를 분리해 버린다. 살(肉)풍선이 되고 만 육체는 손가락 하나 들어 올리지 못한다.

"마흔 넷, 마흔 셋, 마흔 둘…."

그때부터 무의식이 숫자를 세기 시작한다. 마치 비디오 화면을 되돌려 보듯 밖으로 떨어져 나와 나를 들여다보기 시작한다.

오늘 아침의 마음이 어땠는지…. 속상했고 섭섭했다. 큰 병은 아니지만 수술하기 위해 병원에 가는 내게 가족은 어떻게 대했나. 딸은 밥투정을 했고, 남편은 바빠서 데려다 줄 수 없다며 장모님을 믿는 눈치였다. 성대결절 수술은 한 시간이면 끝나고 몇 주 동안 말하지 않고 조심하면 된다지만, 내일부터 말할 수 없는데 섭섭한 마음을 퍼부으려다 그만 두고 집을 나선 길이었다.

한 달 전, 일 년 전 풀지 못한 매듭이 화면에 뜬다.

5년 전, 10년 전, 꿈은 자꾸 뒷걸음질친다. 무의식을 따라 긴 회랑을 돌고 있다. 어디까지 가는지 알 수 없고 통제할 수 없다. 보여주는 대로 볼 뿐이다.

16년 전, 첫아이를 낳는 순간에서 잠시 멈추었을 때 잠시 고개를 든 의식이 그날은 행복했고 기뻤다고 말하려는데, 무의식이 그럴 기회를 주지 않는다. 나는 불안하다. 고통스럽다. 아이가 반갑지 않다. 앞으로 이 아이에게 엄마 소리를 들으며 살아야 할 세월이 겁난다.

결혼식 날에 멈췄을 때도 마찬가지다. 웨딩드레스를 벗고 싶다. 도망가고 싶다. 사랑한다고 말했던 이 사람이 낯설다. 이 순간부터 나는 자유롭지 못하다.

스무 살을 지나 열여섯 살에 다다른 꿈에서는 지독한 암모니아 냄새가 풍긴다. 학교 교정 뒤의 어둑한 화장실에서 발견한 혈흔, 어른이 되는 시작임을 알린 그 표시는 공포다. 내 몸이 마음대로 되지 않는다니, 멈추지 않는 생리 혈에 좌절한다.

회랑을 돌고 돈다. 한 번도 행복했던 기억이 없는 길을 따라 간다. 마침내 그 끝이 보이고 작아질 대로 작아져 아기가 된 내가 눈물을 쏟아내면서 한마디, “엄마!”

“이제 깼구나. 됐다.” 친숙한 목소리가 귀에 닿자 처음으로 안심한다.

그것밖엔 없었을까. 마취된 동안 되돌아본 생이 불안하고 슬프고 노여움과 섭섭함, 억눌림밖엔 없었던 것일까. 정신이 들자 기가 막혔다. 행복하고 안심했던 순간은 한 번도 뜨지 않은 채 화면은 다시 깜깜해졌지만, 그것을 다 보고난 나는 그보다 더 깜깜해진다.

몇 가지는 그렇다고 치자. 첫 생리의 두려움이나 결혼식의 갈등은 이미 느꼈던 감정이니 놀라울 것은 아니다. 그런데 아이를 낳은 순간과 첫 대면에서 겁이 났다는 것은 나도 몰랐던 일이다.

내 몸을 빌려 한 생명이 세상에 나온다는 것이 경이와 축복이라고 생각했고, 내가 한 일은 위대한 일이었고, 나 또한 아이를 통해 한 사람으로 완성되었다고 믿어왔다. 그것은 의식이 만든 세뇌나 학습이었을까.

그러면서 끝엔 '엄마'를 찾고, 안심했던 건 또 뭔가. 어미된 것을 두려워하면서도 마지막에 찾은 것이 어머니의 자궁이었다는 것은.

말을 하지 못했던 몇 주 동안 나를 묶어놓았던 것은 그 의문이었다. '꿈은 신이 보내는 편지'라고 하는데, 신은 어쩌라고 덮어버렸던 기억을 꺼내 보여주었는가.

나는 나를 모른다. 기억의 축적이 세월을 만들었다고 생각하지만 기억이 얼마나 허술하고 엉터리인지, 어느 순간 그것을 확인할 때 갑자기 내가 낯설어진다.

턱 밑에 생긴 흉터 하나만 봐도 그렇다. 중학교 체육 시간에 계단에서 굴러 생긴 흉터를 보고 화해하지 못했던 친구가 떠올라 글을 쓴 적이 있는데, 한참 후 생각하니 그 흉터는 나중에 생긴 것이었다. 남편과 사귈 때 다투다가 계단에서 넘어져 생긴 흉터를 이전에 생긴 것이라고 생각하고 있었던 것이다. 지우고 싶은 기억을 '계단'을 통해 슬쩍 바꿔치기 한 것이었다.

그런데도 기억이 나라고 할 수 있을까. 모르는 나를 믿을 수 없게 되자 타인도 똑같이 믿지 못하게 되었다. 사랑한다고 믿어온 것이 의무를 미화해서 짐을 덜려고 한 것은 아닐까 생각하니, 다른 사람도 무의식을 포장해서 그게 자신이라고 믿겠지, 싶은 눈으로 보이는 것이었다.

말하지 못하는 것이 불편하고 힘든 것이 아니라 침묵의 시간 동안 의심에 끌려 다니는 것이 더 고통스러웠다. 한 달여 동안 혼자의 벽에 갇혀 외로웠다.

다행히 저당 잡혔던 목소리를 찾던 날, 아이와 남편을 부르면서 나는 문득 단숨에 먼 길에서 제자리에 돌아와 있는 나를 발견했다.

부를 수 있는 사람, 찾으면 곁에 있는 사람이 있으면 되는 것이지 진실과 의혹 속에 오락가락 할 게 무언가. 차라리 의식이 세뇌시킨 거짓에서 평온을 얻고 싶었는지 모른다. 진실에 현미

경을 들이대어 마지막엔 나도 남도 믿을 수 없다는 것을 확인하는 것보다는, 거짓이라도 좋으니 믿는 대로 보는 것을 선택했던 것이다.

시간이 흐른 지금, 꿈과 기억 사이에서 어느 것이 실체와 가까운가 생각해본다. 꿈의 은유, 기억의 직유는 무엇이 다른가. 한 시간 동안 보았던 생의 이면, 그것이 과연 내 생을 전부 설명할 수 있을까. 몇 개의 단편적인 영상을 그대로 받아들인 것이 옳은 해석일까. 가장 힘들었고 피하고 싶어 지우개로 지웠던 것이 그것뿐이었다면 평범하고 순조로운 생을 살아온 것이 아닌가.

신이 보낸 편지를 이제야 해독한다. 회답을 쓸 시간이다.

어두운 통로를 빠져 나올 때 따뜻하게 안아 올렸던 빛의 이름, 엄마- 한 단어로도 충분하리라. 내가 불렀고 지금 불리는 그 이름을 꿈 위에 적는다. 다시 꿈꿀 땐 아름다운 기억으로 살아나리라.

노래가 따라 왔네

사는 게 고달파서 시 한 줄 읽은 적이 없다는 사람을 나는 믿지 않는다. 하루에도 몇 번씩 시를 듣고 입에서 저절로 나올 정도로 그 속에 살면서도 정작 몰랐을 뿐이니까.

아침 출근길 버스에서 듣는 라디오 방송을 시작으로, 저녁에 TV드라마에 빠져 울다 웃다할 때 배경음악으로 나오는 노래까지, 어디서나 마주치는 것이 시의 또 다른 이름, 노래가 아닌가.

노래가 없는 세상이라면, 하루를 살아내기가 많이 피곤할 것이다. 곡조 없는 소리로 단조롭기만 한 세상이 직선 닮은 산문이라면, 노래는 뻣뻣한 직선을 부드럽게 감싸는 곡선 닮은 시가 아닐까.

가슴을 울리는 노래를 부르거나 들을 때마다, 노랫말을 쓴 사람에게 고마운 마음이 든다. 내 감정을 나보다 더 잘 알고 쓴 것처럼 똑 떨어질 때, 노래는 몇 번을 불러도 싫증나지 않는 나의 언어가 된다. 그러니 남이 쓴 시는 끝까지 외우지 못해도 언어를 대신하는 노래는 한 번 가슴에 박히면 내 노래가 되지 않는가.

그런데 어떤 노래는 참을 수 없는 것이 있다. 아무렇게나 붙인 것 같은 가사 한 구절이 좋은 노래를 망칠 때가 그것이다.

처음 그런 생각이 든 것은 중학교 때 유행했던 '긴 머리 소녀'의 가사였다.

'빗소리 들으면 떠오르는 모습 달처럼 탐스런 하얀 얼굴….'

트로트가 어른들의 한을 대신 하는 것이었다면 그때 붐을 일으켰던 포크송은 우리에겐 신문명의 세례나 다름없었다. 전국의 중고등학교 학생들이 교가처럼 그 노래를 불렀다.

'우연히 만났다 말없이 헤어진 긴 머리 소녀야.'

노래를 부르다보면 비 오는 날 어디선가 운명의 그를 만날 것만 같았다. 우리는 합창을 하고 있었지만, 저마다 누군가의 '긴 머리 소녀'였다. 나도 노래를 부르면 만난 적도 없는 그와의 이별이 서러워서 눈물이 날 정도였다. 그런데 그 다음 가사가 내가 찍고 있는 영화를 방해했다.

'눈 먼 아이처럼 귀 먼 아이처럼 조심조심 징검다리 건너던….'

좀 더 영화에 빠진다면 비련의 주인공 역할을 계속할 수도 있을 텐데, 그 부분에서 꼭 NG가 나고 말았다.

개울 건너 작은 집의 긴 머리 소녀는 얌전하고 조용한 아이여서 징검다리 건널 때 펄쩍 뛰어 넘지 않고 사뿐히 건너는 모양이지만, 그 모습을 어떻게 '눈 먼 아이, 귀 먼 아이'같다고 했는지 비약이 심하다 못해 배려가 조금도 없는 가사라는 생각이 들었다.

장애인을 빗댄 한심한 가사가 아닌가. 정말 눈이 안 보이는 여자애가 개울을 건너야 했다면 징검다리 앞에서 맞닥뜨린 감정은 '조심조심' 정도가 아니라 공포일 것이다. 징검다리가 몇 개인지, 그 폭이 얼만지 볼 수도 없는데, 물소리조차 들을 수 없는 '귀 먼 아이'라면 개울을 건널 수도 없을 것이다.

무신경하게 만든 가사 한 구절 때문에 입안에서 맴돌던 노래는 밖으로 나오지 않았다.

그런 가사는 또 있었다. 그때도 중학교 때였다.

나이 지긋한 체육 선생님은 양희은이 부른 '아름다운 것들'을 좋아하셨다. 여학생들이 합창으로 부르는 게 좋으셨던지 우리에게 합창을 부르게 하곤 눈을 감고 흥얼거리셨다. 느티나무 아래에서 노래를 부를 때도 좋았지만, 교실에서 다른 반 아이들이 합창하는 소리를 듣는 것도 좋았다.

그때 나는 노래를 부르다 중간에서 가사 한 구절을 입 밖으로 내뱉지 못하고 삼키곤 했다. 2절에서 '엄마 잃고 다리도 없는 가엾은 작은 새는 바람이 거세게 불어오면 음~ 어디로 가야할까'

의 '다리도 없는' 이라는 가사 때문이었다.

다친 데가 없어도 어미 새 없이 거센 바람을 헤치고 날아가는 어린 새가 불쌍한데, 다리도 없다고 하는 노래 가사는 너무 심하지 않은가. 새가 잠시 내려앉을 곳이 있을까. 있대도 다리가 없으면 앉을 수도 없을 텐데. 그 광경을 생각하면 눈물이 돌곤 했다.

얼마 전 TV에서 잊고 있었던 '긴 머리 소녀'를 보았다.

중학교 때 노래 가사 때문에 마음이 불편했던 '눈 먼 아이처럼 귀 먼 아이처럼'에서 '처럼'이 아닌 실제의 인물이었다. 지금은 소녀가 아니라 종건이 엄마가 되어 있었다.

한 방송에서 실명한 사람에게 각막이식수술을 해주는 프로그램에 출연한 여인이었다. 중학교 때부터 귀가 들리지 않았고 한 쪽 눈은 실명했으며 나머지 눈도 거의 보이지 않는다고 했다. 그 몸으로 빈병과 폐지를 모아 하나뿐인 종건이를 키웠다고 한다. 6학년인 종건이는 어렸을 때부터 학교에서 돌아오는 길에 가방에 빈 병을 주워 왔다고 한다. 우리가 빈곤층이라고 말하는 모자의 모습에선 힘들고 어두운 기색을 찾아볼 수 없었다.

그런 종건네가 '효자 심청'이라는 제목의 기사로 뉴스에도 나오고, 어려운 각막이식수술도 무사히 끝나자 제작팀은 종건네 집에 인터뷰를 하러 갔다. 달려 나오는 종건 엄마의 모습이 꼭 열다섯 살 소녀 같았다. 종건이가 말했다.

"엄마는 저하고 약속을 해야 수술을 받겠다고 하셨어요. 네가 커서 세상에 이보다 더 갚겠다고 약속해야 도움을 받겠다고."

종건 엄마는 나와 동갑이거나 한두 살 적은 것 같았다. 그렇다면 그도 중학교 때 '긴 머리 소녀'라는 노래를 들었을 것이다. 점점 들리지 않는 귓속으로 사라져가는 '눈 먼 아이처럼 귀 먼 아이처럼…'은 어떤 생각을 하게 했을까.

분명한 것은 징검다리 앞에서 주저앉지는 않았을 거라는 마음이다. 살면서 눈조차 흐려져 징검다리도 잘 보이지 않았을 때, '조심조심' 건너는 대신 온몸으로 헤엄쳐 물살을 건넜을 것이다.

세상의 물살을 헤치는 동안 두 팔은 튼튼한 날갯죽지가 되었고, 그 깃으로 품은 종건이는 누구보다도 아름답고 밝은 작은 새로 자랐다. 엄마도 있고, 건강한 다리도 있으니 작은 새는 거센 바람도 무섭지 않을 것이다.

눈을 감고는 열 발자국도 가지 못하고, 소리 없는 세상에서 살아본 적이 없는 내가 고작 가슴 아픈 노래 가사를 입 안으로 삼킬 때, 저렇게 두 사람은 서로 날갯짓하며 높이 날아오르고 있었다니.

나는 모자를 보면서 울면서 웃었다. 음악은 없고, 언어만 있는데도 두 사람이 나누는 말이 노래보다 아름다웠다.

어떤 사람은 노래를 듣거나 부를 시간도 없이, 한 문장 한 문장이 건조한 산문 같은 길을 걸어왔을지도 모른다. 그 산문은 시처럼 짧게 쓸 수도 없고 잠시 꿈을 꿀 수 있는 것도 아니어서, 충혈된 눈 부릅뜨고 뚜벅뚜벅 걸었을 게다. 그러나 온몸으로 부딪쳐 쓴 그 산문만큼 정직한 것이 있으랴.

눈 뜨고도 징검다리 앞에서 겁나 떨고 있을 때, 어미 새와 작은 새는 멀리 날아간다. 그 아름다운 비행을 눈이 아프도록 담는다.

3

남자의 특별한 시력

아내가 또 장난을 친다. 한참 재미있게 TV를 보는데 리모컨으로 톡 꺼버리는 것이다.

"안 자거든."

눈을 크게 뜨고 아내의 얼굴에 바짝 들이댄다.

"난 또, 자는 줄 알았지."

깔깔 웃는 아내. 이십 년 넘도록 살면서 똑같은 장난이 지겹지도 않나. 내 눈이 작다고, 떴는지 감았는지 모르겠다고 저러는 것이다.

그래, 난 눈이 작다. 아내는 나보다 눈이 크다. 그게 자랑이다. 자기 눈 큰 것만 자랑하면 들어줄만한데, 내 눈 작은 걸 트집 잡고 흉을 보는 게 문제다.

연애를 할 때도 그러더니 임신했을 때는 더 심했다. '까무잡잡

한 피부, 크지 않은 키, 게다가 오리궁뎅이도 다 참아주겠지만 눈만은 절대 닮지 않았으면 좋겠다'고 열 달 내내 내 속을 긁었다. 다행히 아이들이 아내 닮아 큰 눈으로 태어나자 그것이 자기 공로인 양 의기양양해 했다.

시력이 나빠 안경을 쓰게 되었을 때, 옆에서 좋아하는 아내를 보면서 섭섭하기도 했다. 덕분에 날카로운 눈매가 가려져서 다행이라나.

아내에게 눈이란 보는 기관이기보다 미추를 가름하는 액세서리 같은 것인가 보다. 그냥 두어도 예쁜 눈에 퍼렇게 칠을 하거나 가는 붓 같은 걸로 아이라인을 그린다고 공을 들이는데, 제발 드라마 볼 때만은 검은 눈물 좀 보지 않게 지우고 앉았으면 싶다.

시력이 나빠 안경 없으면 사물을 제대로 보지 못하는 줄 아는 아내도 모르는 것이 있다.

아이들이 어렸을 때 강릉에 산 적이 있는데, 아내는 주말이 되면 라면 한 봉지를 끓여도 바닷가에서 먹자고 등을 떠밀곤 했다. 나도 내가 구워주는 삼겹살 한 점에도 행복해하는 가족들을 보는 게 흐뭇하여 매주 바닷가로 차를 몰았다.

늦가을쯤이었나. 아이들에게 담요를 덮어주고 늘 하던 대로 익숙하게 고기를 굽기 시작했다. 제비새끼처럼 고기를 받아먹는 어린 것들이 귀엽고, 쌈 싸서 입어 넣어주는 아내가 옆에 있으니 이게 행복이지 싶어 '더 열심히 벌어서 소고기도 먹여야지' 싶었다.

우리 가족밖에 없는 바닷가에 승합차 한 대가 서더니 한 무리의 여자들이 우르르 내리기 시작했다. 늘씬하고 젊은 여자들인 것도 모자라 하나같이 수영복 차림이었다.

한여름도 아닌 때에 비키니의 미녀군단이라니. 이건 기적이 아닌가. 알고 보니 화보 촬영을 하는 팀이었다. 카메라가 분주히 오고가고, 아가씨들은 차가운 바닷물에 괴성인지 환성인지를 지르며 사진을 찍고 있었다.

아내가 자리를 바꾸자고 했다. 바다를 등지게 하고 오로지 고기만 굽게 하는 특단의 조치를 신속하게 행하는 것이었다. 전날 안경점에 맡긴 안경을 찾아오지도 않았는데 참 독하게 격리시키는구나 싶었다.

나는 어리석은 사람이 아니다. 아내의 뜻을 거슬렀다간 순간의 행복이 길고 긴 지옥의 문턱이라는 것쯤은 안다. 호흡을 가다듬고 동요하는 모습을 보이지 않았다. 단 한 순간도 뒤를 돌아보지 않았으며, 세상에서 이보다 더 중요한 일은 없다는 듯 오직 고기만 뒤집었다. 이제까지 구운 삼겹살 중에 이보다 완벽하게 구워진 고기는 없었을 것이다.

나는 아내에게 '양파도 굽고 버섯도 올리고…' 하려는데 내 귀에도 믿을 수 없는 소리가 튀어나오고 말았다.

"에이, 노란 비키니는 허리가 너무 무통이야. 핑크색 비키니는 키는 큰데 가슴이 납작이구만."

뇌가 장난을 쳤나보다. 어쩌자고 생각을 말로 바꾸어 내놓는단 말인가. 나를 감시하느라 여념이 없는 아내 앞에서 주워 담을 수 없는 실수를 하다니.

"당신 눈동자는 메뚜기, 잠자리처럼 360도 회전이 가능한 거야? 아님 시력검사표로 측정할 수 없는 별난 시력인 거야?"

아내여, 맞는 말이다. 우리 남자들은 당신들하고 다른 스캔 능력을 부여받고 태어난 종족들이다. 우리 종족은 동공과 망막을 통하지 않아도 뇌로 바로 투시할 수 있는 신비한 능력이 있단다. 속절없이 들통낸 사실을 알면 우리 종족들이 얼마나 질타를 할까.

그 후로도 아내는 풀지 못한 문제를 앞에 둔 아이처럼 중얼거렸다.

"이상해. 내가 분명히 보고 있었는데, 절대 뒤돌아보지 않았는데…."

그러나 아내여, 남편에 대해 너무 알려하지 마라. 다친다.

아내는 내가 막걸리를 못 마신다고 알고 있다. 그건 자기 편한대로 생각한 결과다. 데이트할 때 막걸리를 먹고 체한 후로 마시지 않는 건 아내다. 나는 아내가 싫어하기 때문에 같이 막걸리를 마실 기회가 없었을 뿐이다.

내가 수년 째 형님, 형수님 하고 드나드는 '아리랑 빈대떡' 집에서 혼자 막걸리와 녹두빈대떡을 먹는 날이 간혹 있다는 것을 아내는 모른다. 비가 추적추적 오는 날, 회사에서 일이 안 풀리는 날 퇴근길에 들르면 나처럼 혼자 온 사내들이 있다는 것을, 사내들도 당신들처럼 감상적일 때도 있고 혼자 있고 싶을 때도 있다는 것을.

아내는 눈이 예쁜 부인이 한상 차려 섬섬옥수로 따라주는 홈빠를 마다하고 웬 청승으로 아리랑 빈대떡 집이냐고 하겠지만 당신이 모르는 사내의 고독도 있는 법이다. 거기에서는 눈이 큰 사내도 눈이 작은 사내도 그저 외로울 뿐이다.

당신은 나에게 360도 회전 가능한 초정밀 시력을 가진 게 아니냐고 묻지만, 만일 그런 시력을 가졌다한들 그것이 내게 행복한 일일지 불행한 일일지 생각해 본 적이 있는가.

어느 날 아내가 아침에 일어나자 눈이 아프다고 했다. 오른쪽 눈이 흐리다 못해 엑스레이처럼 보이고 통증이 심하다고 해서 응급실까지 갔다. 급성녹내장이라는 진단을 받고 안압을 낮추느니, 홍채를 깨느니 하느라 열 시간 넘어서야 겨우 집에 돌아왔다.

아내의 눈은 퉁퉁 붓고 벌겋게 충혈되어 예쁜 구석이라고는 찾을 수 없었다. 나는 다른 일을 하다가도 의사가 처방한 시간에 맞춰 안약을 들고 쫓아갔다. 내 손이 따뜻하여 눈꺼풀을 들어 올릴 때마다 신기하게 통증이 가라앉는다고 하는 아내. 그 신기한 능력이 어디서 발생한 것인지 여전히 아내는 모른다.

내 특별한 시력이 당신을 알아본 거였다고, 이 여자야.

수 탉

새벽에 수탉이 홰치는 동네에 산다.

책을 읽다 시간 가는 줄 몰랐는데 길게 뽑는 수탉 소리를 들으니 새벽이 더 신선하다. 먼 산이 안개에 젖어 내려오고, 이제 막 허물을 벗은 매미가 몇 번 끅끅대다 겨우 목이 트였는지 매앰 소리로 이슬을 턴다.

윗집에서 수탉 한 마리가 용케 말복을 넘기고 남아 새벽에 꼬끼오를 외치고 있다. 살아있다는 것이 행복해서 제 딴엔 더 크게 소리를 지르는 모양이다. 내가 윗집에다 지난밤에 수탉이 시도 때도 없이 울어 잠을 설쳤다고 억지소리라도 한다면 저 놈도 주말을 넘기지 못할지 모른다.

윗집에서 봄에 닭장을 만들 때, 공사가 제법 컸다. 알람용 수탉 세 마리와 신선한 달걀을 공급할 암탉, 그중에는 복날 동네잔치를 위해 쓸 것까지 넉넉히 열 마리는 키워야 한다고 병아리를 여러 마리 사왔다. 딸이 어려 시집보낼 때가 되지 않았으니 동네 사람들이 사위 대신 간다고 복날만 기다렸다.

그런데 병아리가 자라면서 생각지도 않았던 일이 생겼다. 분명히 암탉이 일곱 마리라고 했는데 거꾸로 수탉이 더 많다는 것이었다. 닭들의 성비가 맞지 않아 사고가 생겼다. 그나마 세 마리뿐인 암탉이 자라기도 전에 죽은 것이었다. 닭 세계에서 성폭행이 있었는지 사인은 알지 못한 채 남은 건 튼튼한 장정 수탉 일곱 마리뿐.

이 닭들이 홀아비 신세를 한탄하여 한 마리가 울기 시작하면 단체로 울어대는데, 그 시간이 아침, 저녁을 가리지 않고 한밤중에 여러 마리가 홰를 치면, 그 소리에 개까지 한몫 거드니 시끄러워서 윗동네에서는 잠을 설쳤다는 소리가 들리기 시작했다.

어느 날 아저씨가 결단을 내렸다. 그중 주모자급에 속하는 녀석부터 처단하기로.

일요일 아침, 우리 집에 온 아저씨는 담배를 피우다 한참 만에 남편에게 입을 뗐다. 아랫집 수진네와 세 가족이 오후에 만나되 각자 자기 몫의 닭을 잡자고. 닭 집에 가도 산 닭은 잡아주는 집이 없어 직접 손에 대야 하는데 어렸을 때 잡는 것만 봐서 자신이 없다는 것이었다. 남편이 닭 잡는 일을 맡기로 하자 일사천리로 마당에 솥이 걸렸다.

윗집에 가니 앵두나무에 앵두가 넘치게 열어 가지가 부러질 지경이었다. 닭 잡고 불 지피느라 손만 대도 후두둑 떨어지는 앵두에는 아무도 관심도 없었다. 내가 앵두나무에 열중하고 있을 때, 불을 때던 수진아빠가 "나는 앵두 같은 입술만 좋아해서요." 하며 우스갯소리를 했다. 그 말에 아저씨가 "젊은 사람이 앵두 같은 입술만 좋아해서는 안 되지." 하자, 남편은 "난 앵두라도 있으니 다행이네요." 하는 말로 응수했다. 모처럼 뭉친 것에 신나 보이는 것과는 달리 속을 들여다보면 오늘 희생된 수탉같이 맹한 소리들만 하고 있었다.

상을 차리고 보니 뭔가 잘못 된 것 같았다. 우리 집과 수진네는 아랫집이라 수탉 소리에 피해를 본 축이 아니기 때문이었다. 소리는 밤에 위로 퍼지는데 정작 수탉 소리에 잠을 설쳤다는 사람들은 안 부르고 마음 맞는 사람만 부른 것이었다.

맨 꼭대기에 사는 촌장님을 부르지 않은 이유를 아무도 말하지 않았다. 모처럼 편하게 어울리고 싶은 것이었다. 세 사람 다 주량이 비슷해서 취하는 속도가 같으니 끝맺음에 탈이 없는데 그분이 끼면 '어른이 주는 잔'을 빨리 돌리지 않는다고 호통이 날아왔다. 가장 젊은 수진엄마가 작정하고 잔 돌리는 일 없도록 하자고 주장했지만 소용이 없었다. 잔은 자주 돌았고, 아침까지 숙취에서 벗어나지 못할 때가 많았다. 게다가 무슨 이야기든지 어른이 말씀 하시는데 중간에 끼어들면 또 한소리 들어야 했다.

나이가 젊든 많든 한 가정의 가장들인데 어린애 취급을 하니, 우리는 부르기 좋게 '촌장님'이라고는 했지만, 웬만하면 합석하기를 꺼려했다.

목청 좋아 희생된 수탉이 닭장에만 있는 것이 아니었다. 시와 때를 알아 적당히 울었어야 하는데, 이 동네가 농사짓는 사람은 없고 출근하는 사람들이 많다는 것을 간과한 촌장 수탉이 농경 사회의 습관대로 소리 높였으니 사람 닭장에서 퇴출당한 것이었다.

큰 놈 세 마리를 잡으니 백숙하고 닭볶음탕을 해도 세 가족이 먹기에 많아 결국 윗집의 윗집들을 다 불렀다. 어차피 마당에서 보란 듯이 모여 잔치를 벌이면서 촌장님 모르게 할 수는 없는 일이었다. 닭 잡아먹고 오리발 내밀 오리도 없으니, 상 차려놓고 어른을 모시는 착한 이웃이 될 수밖에 없었다.

남편이 슬쩍 닭발과 똥집을 내 접시에 놓아주었다. 닭고기를 잘 안 먹는 내가 닭발이라면 자다가도 벌떡 일어날 만큼 좋아하기 때문이다. 수진아빠는 수진엄마에게 닭 껍질을 못 먹게 말렸다. 둘째 아이를 기다리고 있는 중이기 때문이다. 덕분에 앵두 같은 입술만 좋다고 했느냐는 핀잔을 들어야 했다.

윗집에 손님이 올 때마다 닭을 잡아주러 남편이 갔다 온 게 몇 번 안 됐는데, 어느새 겨울이 되었다. 홀로 남은 수탉이 겨울을 맞이했다.

여름에 내가 열심히 따서 담근 앵두주가 익어 이번엔 우리 집에 모였다. 마침 우리 집은 뚝 떨어져 있어 억지춘향으로 착한 이웃 노릇을 할 일도 없었다. 촌장님 모실 땐 서당에서 종아리 맞는 조무래기 같은 얼굴을 하던 세 집의 가장들이 오늘은 목청이 높아졌다. 몰래 모인 것이 재미있는지 누구 하나 일어날 생각을 하지 않았다.

나도 앵두주에 취했는지, 거실이 닭장으로 보인다. 눈을 비비고 다시 보니 암탉, 수탉 쌍쌍이 앉아 사이좋게 꼬꼬대고 있다. 어라, 어떻게 부리를 부볐기에 수진네는 유정란까지 생겼지.

닭장 안 소리가 윗동네까지 들릴까봐 흰 눈이 소복소복 덮어준다. 붉은 잔에도 흰 눈이 소복소복.

친절한 컴퓨터

컴퓨터로 글을 쓰고 '도구'에서 '맞춤법 검사'를 하다보면 엉뚱한 답이 나와 웃을 때가 있다. 기계가 기계적으로 입력된 정보만 내놓는 것인데도, 어느 땐 저도 심심해서 농담이나 하자고 말을 건네는 것 같기도 하다.

오늘 밤에 나는 컴퓨터의 유머에 혼자서 큰소리로 웃다가 자는 식구들을 깨울 뻔 했다.

닭장에 있는 수탉이 홰치는 소리가 저마다 달라 꺼끼오, 끄끼오로 썼는데, 맞춤법 검사에서 빨간 줄과 함께 비표준어이니 이렇게 바꾸란다.

'꺼끼오'는 '꺾이오'나 '깨끼오'로, '끄끼오'는 '끌리오'로.

말하자면 컴퓨터 세상에 사는 닭들은 '꼬끼오'라고 울어야, 적어도 중산층의 교양 있는 표준어를 사용하는 닭이라는 말씀이다. 그러나 창의성을 높이 사는 요즘에는 개구리소리도 '개굴개굴'이 아닌 '굴개굴개'로 들린다는 아이들이 더 똑똑하다고 칭찬받는 세상이다.

의성어든 의태어든 듣는 귀와 보는 눈이 저마다 달라 창의적으로 표현할 것이 무궁무진한데도, 사전에 없는 말이라고 꼭꼭 집어주는 컴퓨터의 친절이 모범생 친구와 말할 때처럼 답답하다.

그런데 웃다보니 그게 아니다. 우리 집 수탉들의 서열을 보면 저희들끼리 꺾이오 하고 끌리오 하는 게 맞는 것 같으니 말이다.

힘 센 놈이 '너 눈 내려 깔지 못해' 하는 말 대신 점잖게 '(내 앞에서 이만) 꺾이오' 하니, 2인자 수탉이 꽁지 내리며 '(그 뜻에) 끌리오' 한 것 아닐까.

이쯤 되니 웃는 건 오히려 컴퓨터다. 인공지능을 넘어 '음성파악 의미해석 단계'까지 진화된 것도 몰랐느냐고 하는 것이다. 나는 웃자고 한 말에 죽자고 진지해진 경우가 된 기분이다.

이 정도면 인간이 하는 말을 얼마나 귀신같이 잡아낼까. 셋도 아닌 둘만 만나도 외계인의 말을 주고받듯 서로 이해하지 못할 때, 그 말들을 컴퓨터에 적어보면 그 말의 진의를 정확하게 집어줄 게 아닌가.

두 사람까지 갈 것도 없다. 내가 원고 한 편 겨우 끝내고 자족하여 '저장'을 누르고 나갈 때, 찾지 않은 '맞춤법 검사'에는 '지금까지 쓴 것 몽땅 거짓말'이라는 것이 떠 있을지도 모르는데.

춤바람 난 여자

아내가 춤에 빠졌다. 요즘 아내의 최고 관심사는 춤이다. 앉으나 서나 춤이다. 자동차를 타도 춤이다. 처음엔 군대 간 아들 면회 가는 게 좋아서 저절로 어깨춤이 나오나 했는데, 병문안을 갈 때도 차에 앉자마자 음악부터 켜고 바로 동작으로 들어간다. 어깨를 으쓱거리기도 하고 팔을 뻗어 팔꿈치와 손목을 돌리기도 한다. 앞으로나 뻗었으면 좋겠는데, 왼 팔을 옆으로 뻗어 얼굴을 가릴 때는 아찔할 때가 있다. 볼륨이 커서 창문을 닫아놓아도 옆 차에서 돌아보곤 한다. 잠시도 쉬지 않고 고갯짓 하고 항아리에서 나오는 코브라 흉내를 내는 모습을 보곤 안됐다는 표정으로 고개를 돌리는 사람도 있다.

아내도 나도 그런 시선에는 끄떡하지 않는다. 아내는 자신이 앉아서 추는 춤조차 섹시해 보여서 내가 좋아하는 줄 아는데,

모르시는 말씀이다. 나는 아내에게 뺨을 맞아도, 음악 소리에 고막이 터져도 말릴 생각이 전혀 없다. 아내의 춤 덕분에 얻은 평화가 어딘데, 불편을 감수하고라도 이 평화가 유지되길 바란다, 평생 동안 쭉.

아내는 춤 출 생각을 한 것이 자신의 결정인 줄 아는데, 언제나 그렇듯 자기 생각만 우선인 사람이다 보니 내가 슬쩍 제안한 사실이라는 것도 모른다.

작년 연말 즈음에, 가구처럼 집안에 붙박여 있던 아내의 외출이 잦아졌다. 연말 모임에서 몇 사람이 댄스를 추기로 했는데 연습을 하러 간다는 것이었다. 나도 아내에게 집에만 있지 말고 사람을 만나라고 채근하다시피 하던 터라 응원을 했다.

아내가 CD를 가지고 와서 트는데 설운도의 '상하이댄스'가 흘러나왔다. 마무리는 싸이의 말춤이라고 하는데 어이가 없었다. 트로트에 알레르기 반응을 일으키는 사람이 웬일인가 했다. 아내의 춤은 봐주기 힘들 정도다. 박자 감각이 없어서 자기 발이 꼬여 넘어지기 일쑤인 사람이라 우린 블루스도 제대로 춘 적이 없다. 그런데 해보겠다고 하는 모습이 웃을 일이 아니었다. 동료들보다 못해서 방해가 될까봐 하루 종일 연습하는 모양이었다. 새벽에 깨어 보면 음악소리를 줄여놓고 혼자 춤을 추고 있었다.

한 달 가까이 집안을 울리는 트로트에 머리가 아플 지경이었는데, 어느 날 갑자기 노래가 뚝 끊겼다. 연말모임이 끝난 것이었다.

아내는 다시 붙박이가 되었다. 리모컨만 조작하거나 낮잠을 오래 자기도 했다. 춤추는 아내가 보기 좋았던 건 아니지만, 태엽 풀린 인형처럼 춤추지 않는 아내를 보는 것도 좋은 기분은 아니었다.

아내는 평생 듣고도 남을 만큼 들었던 트로트는 다시 듣고 싶지 않다고 했다. 그래도 춤을 추는 동안 땀을 흘렸더니 살도 빠지고 피부도 좋아졌다며 아쉬워하는 눈치였다. 나는 그동안 익힌 리듬 감각이 있으니 다른 곡을 틀고 춤을 추라고 부추겼다.

어느 날 아내가 카세트에서 나오는 '아바'의 신나는 곡에 엉덩이를 흔들며 설거지를 하고 있었다.

"역시, 당신은 멀티플레이가 된다니까."

생각 없이 한 말이었는데, 아내는 그 말에 힘을 얻었는지 아예 카세트를 주방에 들여놓더니 그때부터 설거지를 할 때마다 춤을 추기 시작했다. CD 한 장에 20곡이 들어있는 아바의 노래가 끝날 때까지, 한 시간 동안 설거지를 하고 식탁을 훔치고 가스레인지까지 닦았다.

허리 디스크를 앓는 아내는 운동기구를 사다놔도 빨래걸이로만 쓰고, 헬스클럽에 가라고 하면 밖에 나가기 싫어서 못한다고 했다.

그런데 설거지 하는 것을 아이들이 억지로 공부하는 것처럼 마지못해 하던 사람이 아바의 곡만 틀면 주방에서 나올 생각을 하지 않았다. 춤을 추다보니 설거지가 지루하지 않고 스트레칭이 절로 된다는 것이었다.

거의 체조에 가까운 동작이지만 아내의 춤 실력은 나날이 발전해갔다. 처음엔 과도한 다리 동작으로 싱크대 문짝에 부딪쳐 무릎에 멍이 들더니 프라이팬의 물기도 팔을 들어 터는 신기술도 개발하고, 설거지를 넘어 나물을 다듬거나 칼질을 할 때도 춤을 추는 경지에 도달했다.

나날이 달라지는 것은 아내의 춤 실력만이 아니었다. 물과 시간을 아낀다는 이유를 대면서 산처럼 쌓아놓던 그릇들은 얌전히 싱크대 안으로 들어갔고 반찬 가짓수가 늘어났다. 그뿐이 아니었다. 내가 주방에 들어오는 것을 막기 시작했다.

다른 남편들이 누렸던 휴일 아침, 아내의 도마질 소리에 잠깨는 행복을 나는 참으로 오랜만에 느꼈다. 아내는 평상시에는 쓰는 것 같지도 않은 글을 하필이면 휴일 전날 밤에 쓰겠다고 밤샘을 하고선, 내가 전날 쌓아놓은 설거지를 끝낼 때쯤 일어나곤 했다. 분명히 깨고도 그러는 것 같아서 나도 모른 척 하면, 들으라는 듯 앓는 소리를 내는 여자였다. 내가 미쳤지, 연애할 때 각서는 왜 썼는지. 당신이 필요로 할 때마다 무엇으로든 변신하겠다는 말은 오랫동안 나를 주방으로 몰아넣는 머슴서약이었던 것이다.

이젠 내가 설거지를 하면 아내가 눈을 흘겼다. 아내의 춤 실력이 늘수록 빨래를 너는 것도 개키는 것도 아내의 고유영역이 되었다. 내가 TV를 볼 때, 주방에서 '맘마미아'가 흘러나오고, 아내가 '댄싱 퀸'이 되는 시간엔 우리 집은 밖에서도 들릴 만큼 시끄러워지지만, 층간소음 걱정 없는 집이니 무슨 상관이랴. 나는 그저 볼륨만 높이면 그만인데…. 눈물 날 만큼 감격스럽고 달콤한 평화 아닌가.

나도 어느새 아내에게 커피 한 잔 달라고 주방에 들어서면 스텝을 밟고 있는 자신을 발견하기도 한다. 이러다가 아내가 하루도 쉬지 않고 갈고닦은 실력으로 마이클잭슨의 문 워크를 구사하는 내 실력을 따라잡을 것 같다. 대책 없던 허리의 D라인이 사라진 것에 놀라기도 한다.

이러니 내가 아내의 춤에 바람을 넣을 수밖에. 그런데 아내가 한마디 하는 것이다.

"아, 이번 연말 모임엔 고무장갑 끼고 추어야겠다. 다른 사람에게도 널리 전파해야 해."

아뿔싸, 연말이 머지않았다는 것을 생각 못하고 아내에게 바람을 너무 불어넣은 것이었다.

아내가 춤바람이 났다.

매운 세상에서 살아남기

매운 음식은 나를 움직이게 한다. 축 처진 푸성귀에는 한 줄기 소나기, 뻗대는 말에게는 당근이라면 나를 일으키는 것은 단연 캡사이신이다.

'죽여주게 맵다'는 소문만 들으면 죽어라 달려가는 열정, 죽음을 불사하고 덤비는 실험정신, 한 번 길들여진 맛에 대한 충성심 또한 과장하면 광적일 정도다. 매운 맛은 맛의 오감에 속하지 않는 통증이라는데, 굳이 통증을 주기적으로 찾아나서는 것을 보면 내가 좀 자학적인가.

처음 매운 맛에 매료된 때를 더듬어보니 역사도 한참 되었다.

중3 때로 기억한다. 등하교 시간에 국기 게양과 하강식을 맡아 했는데, 그날도 국기를 내리기 위해 수업이 끝난 후에도 학교에 남아 있었다. 학교 옥상에서 태극기를 내릴 때마다 가슴에

차오르는 숙연한 기분, 높은 곳에서 보는 노을, 텅 빈 운동장에 스미는 저녁 빛이 좋아 하루 중 가장 기다리는 시간이었다.

노을이 유난히 붉은 날, 한 친구가 옥상에 따라 왔다. 친구는 무슨 말인가 하려다가, "우리 냉면 먹으러 가자"고 했다.

친구를 따라간 분식점에서 처음 먹어본 냉면 맛은 맵고 질길 뿐이어서 나는 면을 어느 때 넘겨야 할지 그것만 신경 쓰고 있었다. 그애가 어떻게 먹는지 살펴보려고 고개를 드는 순간, 친구는 면발을 끊지도 않고 꾸역꾸역 밀어 넣다시피 하며 울고 있었다. 다 먹고도 눈물을 흘리면서 냉면이 너무 맵다고만 했다. 심상치 않은 분위기인 것 같아 나도 더는 물어볼 수 없었다. 나중에 알고 보니 친구의 부모님이 이혼했단다.

냉면은 그래서 각별한 음식이 되었다. 울고 싶을 때 눈물을 보일 핑계가 될 수 있고, 같이 매운 맛을 탓하는 것만으로도 다른 위로의 말이 필요 없는 음식. 맛이 아니라 통증이라는 것을 알게 된 것도 그날 친구와 먹은 냉면을 통해서였다.

냉면을 비비다보면 양념 빛깔이 그날 본 붉디붉은 노을빛으로 보인다. 음식은 맛 때문에 기억되는 것만이 아니다. 30년이 지났어도 냉면을 비빌 때마다 지금은 얼굴도 가물가물한 친구와 노을이 동시에 떠오르니 말이다.

그런 냉면을 차츰 찾지 않게 된 것은 무교동 낙지 맛을 보고 난 다음이었다.

우리 가족은 내가 하는 낙지볶음을 좋아한다. 식용유에 고춧가루와 마늘, 청양고추를 볶다가 나중에 양파와 낙지를 넣어 볶는데, 그렇게 낙지를 볶아놓고도 나는 따로 포장해온 무교동 낙지볶음을 먹는다.

한겨울에도 머리에서 땀이 나고 귀까지 얼얼하도록 매운 그 맛은, 나에게 살고 싶은 의욕을 불러일으킨다. 우울하거나 지쳤을 때, 하는 일이 잘 안될 때, 용기를 잃었을 때도 낙지볶음 한 접시에 금방 기분이 전환되고, 충전이 빵빵하게 된 배터리나 기름을 가득 채운 자동차처럼 벌떡 일어난다. 씨름 소에게 산 낙지를 먹이면 기운이 펄펄 난다고 하는데, 내가 그렇다. 이제까지 나를 묶어놓았던 고삐를 간단히 풀어 헤치고 씨름터 같은 세상으로 돌진할 것 같은 기분이 드는 것이다.

무교동 낙지볶음은 나에겐 쥐약이기도 하다. 나에게 부탁할 일이나 사이가 꼬였을 때, 은근한 목소리로 '낙지 먹으러 갈까' 하는 소리만 해도 내가 흐물흐물해진다는 것을 알 사람은 다 안다. 벌겋게 비빈 낙지볶음을 한 입 가득 밀어 넣으면서, 내가 대단한 사람이 되지 않은 것을 다행으로 생각한다. 만일 독립투사였거나 산업 스파이였다면 나 같은 사람을 회유하고 고문하는 것은 식은 낙지볶음 먹기보다 쉽기 때문이다.

하루만 굶겼다가 낙지볶음 한 접시만 놓아주면 말하지 않아도 될 것까지 소상히 불어버릴 변절자, 속물, 한심한 인간… 그러니 고작 화해하거나 맡긴 일 해낼 정도의 인간밖에 안 되는 것이 나라의 안보나 경제를 위해서도 얼마나 다행한 일인가.

경제 이야기까지 나와서 하는 말인데, 한때 불닭이니 매운 갈비찜 같은 음식이 불티나게 유행한 적이 있었다. 멋모르고 환영하던 나도 경제가 어려워지니 여자들 스커트 길이가 짧아지듯 매운 맛을 찾는 사람이 많아졌다는 말에 머쓱해졌다.

살기 힘들고 지친 사람이 그나마 힘을 북돋워 일어설 수 있는 것이 매운 음식이라니…. 다른 고통으로 현실의 고통을 상쇄하려는 것일까. 처음에 무교동 낙지 집에 같이 갔던 남편이 "이런 걸 사람 먹으라고 만들었냐"면서 화를 내더니 지금은 개운하다느니 기운난다는 말을 하는 걸 보면, 짠한 마음이 든다.

맛에 관한 편견이겠지만, 단맛이나 담백한 맛을 좋아하는 사람들은 성격도 유한 편인 것 같다. 그런 사람이 평탄하게 살아온 것처럼 보이는 것이 사는 동안 신산했던 기억 때문에 내린 일방적인 해석일지 모르지만.

어제도 배탈이 날 것을 뻔히 알면서도 포장해온 낙지볶음에 밥을 비볐다. 이틀 동안 끼고 그것만 먹는 것을 본 딸이 마지막 남은 한 숟가락을 양보했다. 내가 이거 먹고 원고 써야지, 하니까 웃으면서 한마디 거들었다.

"매운 것만 찾다가 매울 신(辛)자 성 가진 남편 만나 독한 딸 낳았다고 쓰면 되겠네."

그 말에 웃다가 아까운 낙지볶음을 마저 넘기지 못했다. 임신 중에도 냉면만 먹고, 아이가 밥숟가락 들자마자 오징어, 낙지 볶아 먹이고 했던 기억이 떠올랐다.

독하지도 야무지지도 못한 내가, 매운 음식 먹고 낳은 딸은 보통내기가 아니다. 경제관념이 철저하고 똑 부러지는 소릴 해서 내가 항상 절절 맨다.

딸에게 매운 소리를 들어도 나는 즐겁다. 맛도 아닌 고통 끝에 건진 성공한 결과물이니 말이다. 나보다 일찍 매운 맛을 익힌 딸은 어떤 씨름판에 내놓아도 지지 않을 테니까.

손

“누워서 책을 읽었더니 팔목이 아파. 하루 종일 책 읽는 것도 노동이야.”

“엄마, 제약회사에서 일했던 때를 생각해봐. 그 말이 나오나.”

말 한마디 잘못 했다가 딸에게 핀잔을 들었다. 딸이 초등학교에 다닐 때 몇 개월 직장 생활한 것을 말하는 것이었다. 나도 잊고 있었던 오래전 일을 딸이 어떻게 기억하고 있는지 놀랐다. 딸이 하는 말을 듣고 바로 일어나 앉았다.

문득 눈앞에 컨베이어 벨트가 돌아간다. 맨 앞의 사람은 약간의 시간차를 두고 병에 알약이 떨어지는 기계 앞에 앉아 있다. 앞 사람은 알약이 채워진 병을 벨트 위에 올린다. 두 번째 사람은 방습제와 솜을 넣는다. 세 번째는 입구를 막는 스티커를 붙이고, 다음 사람은 뚜껑을 닫는다. 라벨을 붙이고 케이스에 설명서와 병을 넣고, 10개의 케이스를 지함에 넣고, 20개의 지함은 박스에 넣는다. 박스는 끈으로 고정되어 팔레트 위에 놓인다. 팔레트에 박스가 쌓이면 마지막 사람이 밀고 나가고 다시 새 팔레트가 들어온다.

내가 일하던 제약회사 포장실의 풍경이었다. 한 박스의 약이 포장될 때까지 보통 10번 이상의 손이 갔다. 한 사람이라도 실수를 하면 일의 흐름이 깨지고 작업량도 줄었다. 그래서 약병을 다루는 사람은 숙련된 사람이 하는데 보통 조장이나 조장이 지목한 사람이 했다. 앉은 순서부터 서열이 매겨지는 것이었다.

그런데 조장이 입사한 지 얼마 안 된 나를 첫 번째 자리에 앉혔다. 골탕 먹일 속셈이었을 것이다. 방습제와 솜을 넣는 자리에 앉아도 한 가지 빼 먹기 일쑤라 자꾸 뒷자리로 밀려 앉곤 했는데, 1초도 안 되는 속도에 두 개의 약병을 교체해야 하는 게 부담스럽지만 못하겠다고 할 수도 없었다.

마음으론 아무리 잘 하려고 해도 숙달된 손이 아니면 할 수 없는 일이었다. 결국 나는 30분도 안돼서 약을 몇 번 쏟고 그 자리에서 물러날 수밖에 없었다.

"손이 그렇게 굼뜨니 손 놓고 할 일이나 해야겠네."

조장이 기다렸다는 듯 비아냥거리면서 보낸 자리는 알약을 선별하는 방이었다. 핀셋을 들고 쏟아 나오는 알약 중에서 이물질이 묻은 약을 골라내는 일이다. 처음엔 노란 비타민 정제가 하교 시간에 쏟아져 나오는 아이들처럼 명랑하고 귀여워 보였다. 그러나 쉴 새 없이 쏟아지는데, 한 시간도 못 돼 눈앞이 어지러워 불량품을 고르지 못하고 말았다.

어느새 조장이 와서 핀셋으로 몇 개의 불량품을 선별했다. 뭐 하나 제대로 하는 게 없다는 말을 던지고 가면, 속에서 불이 나지만 대꾸할 말이 없었다.

여기서 말하는 팔레트는 물감을 짜놓는 미술도구가 아니다. 지게차에 올리는 커다란 플라스틱 바닥을 왜 하필 팔레트라고 할까 생각하다가는 몇 번 더 실수하고 말았다.

오직 손놀림만이 실력이고 경력인 곳에서 나는 시작부터 애를 많이 먹었다. 그러나 조장의 눈에 나서 번번이 골탕을 먹은 것도 사실은 내가 자처한 일이나 다름없었다. 말단 신입사원 주제에 고참 노릇을 먼저 했으니 말이다.

그 제약회사는 내가 결혼 전에 다녔던 곳이었다. 그때는 공장 건물과 떨어진 사무실에서 근무를 했다. 5년 동안 사장님부터 식당 아주머니까지 허물없이 지냈고, 근무 시간보다 회식이나 야유회 때 더 존재가 빛났던 미쓰 리 시절이 있었다.

그런데 남편의 회사가 이전하여 이사 간 곳이 내가 다니던 직장 근처였고, 나는 반가운 마음에 옛 상사에게 인사를 갔다가 생각지도 않던 일자리를 구하게 되었다. 요즘은 젊은 사람들을 구하기 힘들어 생산직은 대부분 주부 사원을 채용한다는 말을 듣고 학원비라도 보태려고 입사를 한 것이었다. 결혼 전 같이 일했던 여직원들은 없었지만 남자 직원들과 몇몇 아주머니들을 만나니 반가웠다.

나는 생활이 어려워서 일자리를 구한 것이 아니라는 것을 증명이라도 하듯 예전처럼 옷치장에 신경을 썼고 가까운 거리인데도 자가용을 몰고 출근을 했다.

조장의 눈엔 '사무실 미쓰 리'가 아닌 '일용직 아줌마'에 불과한 여자가 하고 다니는 것이 거슬릴 수밖에 없었다. 따돌림 당하는 것은 정한 순서였다.

결국 몇 달 못 버티고 사표를 쓰고 말았다. 아이들이 엄마 없는 집을 싫어한다는 핑계였지만, 그동안 피곤하다고 주문음식으로 나간 지출이 컸기 때문에 따돌림을 버틸 이유가 없었다.

짧은 직장생활을 접고 책을 읽고 글을 쓰면서, 굼뜨다고 타박받던 내 손이 할 수 있는 일을 제대로 찾았다는 생각을 했다.

오래지 않아 그때의 일은 잊었다. 오늘도 도서관에서 여섯 권의 책을 빌려와 어느 것부터 먼저 읽어야 할지 몰라 세 권을 머리맡에 두고 한꺼번에 읽는 중이었다. 옆에서 공부를 하는 딸하고 과일과 차를 마시면서 책을 읽는 시간, 이보다 더 좋을 순 없다는 생각에 한 말이 책 읽는 것도 노동이라니.

"누군 저 좋은 일 할 줄 몰라 몇 년 째 한 자리에 앉아 손목이 시큰하도록 포장만 하고 있는 줄 아나."

까맣게 잊고 있던 조장의 목소리가 들리는 듯했다. 책 드는 것도 노동인 사람하고 일 초에 약병을 두세 개 교체해야 하는 사람 따로 있고, 쉬는 손, 일하는 손 따로 있는 줄 아냐고.

왜 그때는 내가 따돌림 당하는 것만 억울하고, 나 때문에 상처 입은 그 사람들을 이해하지 못했을까. 내 손으로 쓴 글은 한 사람의 마음도 녹여주지 못해도 그 손들이 포장한 약은 아픈 내 위를 진정시켜주는데, 어떤 손이 더 귀한 것인가.

작업복을 입고 위생 모자를 쓰면 일용직의 한 사람일 뿐인데, 굳이 아침마다 다른 모자를 쓰고 나가서 외계인처럼 굴었을까. 그런 내가 더 보잘것없고 꽉 막힌 사람이었다는 걸 진작 알았더라면, 조금 더 참고 일을 했을 텐데. 나올 때 나오더라도 부지런하고 똑 부러진 친구 하나 사귀고 나오는 건데.

다시 누울 생각을 못하고 앉아서 책장을 넘기는데 내 손은 그조차도 굼뜨다.

사과하고 싶어도 만날 수 없는 그 사람들. 얼굴은 잊었어도 바삐 움직이는 손은 눈에 선하다.

가을에야 봄을 보다

봄이 반갑다. 봄은 냄새부터 다르다. 콧속으로 스며드는 흙냄새가 향기롭다. 말라죽은 풀더미 아래에서 연한 줄기를 내밀면서 쑥이 돋아나고 메마른 가지를 찢고 목련이 함빡 피어오른다. 하고 싶은 일, 가고 싶은 곳들이 충동질을 한다.

그동안 추위를 핑계로 나태했던 마음을 접고 새로 시작해야지. 묵은 먼지도 털어내고 새 옷을 사 입고 오랜만에 친구도 만나야겠다. 텃밭엔 모종도 심고 화단엔 꽃씨도 뿌리리라.

그렇게 기다렸던 봄이 왔는데 나는 하고자 했던 일은 반도 하지 못했다. 한 통의 전화로 분주하게 움직이던 봄이 정지해버린 것이었다.

한 여자가 삶을 놓아버렸다는 전화. 소식을 전하면서 우리는 그제야 그 여자에게 기미가 있었다는 소릴 했다. 자주 우울해 보였고 불안해하고 두서없이 행동했던 것, 조울증이 분명했을 행동을 살피지 못한 것을 자책하기도 했다.

며칠만이라도 더 살았더라면, 한 번이라도 더 만날 수 있었다면 마음을 바꾸게 할 수 있었을까. 그런데 이미 일은 끝났다.

봄은 무르익어갔지만 나는 그 여자 생각으로 봄을 느끼지 못했다.

그 여자는 왜 이 봄날에 갈 생각을 했을까. 우리가 최고최선이라 믿고 있는 생명, 그것이 무의미해진 사람들에겐 봄이 더욱 견딜 수 없었던 걸까. 남편과 자식, 부모와 친구, 그 밖의 어떤 사람들과의 관계로도 메울 수 없었던 자리가 가슴에 빙하처럼 굳어진 사람에게는.

그 여자는 어떤 시선으로 봄을 보았을까. 낯설다 못해 두려웠을까.

그 여자의 시선으로 보니, 얼었던 땅을 열고 솟아나는 싹이 천지를 점령하고 푸른빛으로 초토화시키는 것으로 보였다. 겨울엔 죽은 듯 고요하던 세상이 갑자기 소란스러워지는 것이 불안하고, 축제를 맞이하는 것 같은 사람들의 분주한 움직임에 더 고립되는 것 같았다. 그 고립이 더 이상 피할 수 없는 구석까지 그 여자를 몰고 간 것일까. 자신이 발 딛을 곳이 베란다 난간 위, 발바닥 두 개 올린 공간밖에 남지 않았던 것일까. 결국 그조차 옭죄어 왔을 때 허공을 선택할 수밖에 없었던 것인지….

산 사람 눈에는 추락인 것이, 선택한 사람에겐 비상이었을까. 속하지 못하는 세상, 상처 받은 세상에서 움츠리며 사는 동안이 족쇄였다면, 허공으로 열린 세상이 차라리 자유였을까.

유난히 비가 잦아 풀과 나무가 여느 해보다 무성한 여름에도 그 의문은 내내 나를 놓아주지 않았다. 혼자 묻고 혼자 답을 찾느라 여름도 느끼지 못하고 지나갔다.

그 시간 동안 나는 그 여자를 애도하지 못했다. 그래도 그건 아니라고, 이제 막 대학에 들어간 둘째 아들이 캠퍼스의 자유를 느껴보기도 전에 엄마 잃은 슬픔으로 봄을 보내게 할 수밖에 없었느냐고 원망하기도 했다.

무엇보다 내가 마지막에 들었던 말이 남아 오래 괴롭기도 했다. 그 여자를 내 차에 태우고 올 때였다. 여자는 아들에게 입학 기념으로 차를 사주었다고 하면서도 차종을 몰랐다. 그러면서도 그 차를 몰고 우리 집에 놀러 오겠다고 했다. 꽃차 만드는 것을 배우고 싶다고 매화가 피면 같이 다니고 싶다고 했다. 일상적이고 평범한 말을 주고받았다.

"사람들이 선배에게 좋은 사람이다, 착한 사람이다 그러죠? 내겐 그런 사람은 아니에요."

내릴 때 쯤 뜬금없이 그런 말을 했다. 처음엔 뭔가 섭섭했던 일이 있었나 했고, 모든 이에게 좋은 사람으로 비칠 수가 있나 했다. 그 여자가 솔직한 것이 중년의 나이에 보일 행동은 아니

쇠락해가는 것들에 오히려 위안을 얻는다. 큰 잎이 진 자리에 눈이 내려
동토의 계절이 되면, 오랜만에 깊은 잠을 잘 수 있을것 같다.

라고 생각했지만, 몇 번 보았던 돌출행동 중 하나라고 여겼다.

하필이면 죽기 전에 그런 말을 할 게 뭔가, 하는 생각에 빠지지 않으려고 기를 썼다. 마지막 들은 말에 의미를 두고 죄의식을 되새기면서 사는 사람들을 많이 보아왔기 때문에 그 말에 매이고 싶지 않았다. 나 또한 별 뜻 없이 한 말이 하필 누군가에게는 생전에 남긴 마지막 말이 된다면, 그게 아니었다고 하고 싶을 텐데 그 여자도 그럴 거라고 생각하려고 했다.

봄도 여름도 그 여자의 시선으로 보고 느끼며 지냈다. 마치 40년 내내 겨울만 계속 되다가 어느 날 처음으로 봄을 본 것처럼 생경한 눈으로. 기쁨보다는 두려움이, 아름다움보다는 생소함으로 비쳤던 계절이었다.

그러는 사이 가을이 오고 있다. 끝없이 뻗어 칡넝쿨처럼 덮어버릴 것 같던 초록의 세상이 성장을 멈추고 잦아들기 시작한다. 쇠락해가는 것들에 오히려 위안을 얻는다. 곧 잎이 진 자리에 눈이 내려 동토의 계절이 되면, 오랜만에 깊은 잠을 잘 수 있을 것 같다.

그러나 쇠락한 것이, 성장을 멈춘 것이 생명을 다한 것이 아님을 생각한다. 가을이 되어서야 서둘러 있던 자리를 지우려고 애썼던 그 여자가 안쓰럽다. 서둘지 않아도 가야할 때가 있음을 얘기해주지 못한 게 안타깝다. 나도 수없이 무의미하다면서도 꾸역꾸역 살아왔음을, 수없이 누군가를 원망하면서도 또 다른 누군가를 찾아 위로를 받으려 했었음을 말해주지 못해 미안하다.

그 여자가 보지 못한 가을에야 그 여자 마음을 조금 헤아릴 것 같다. 조그맣고 약했던 한 여자. 잘 눈에 띄지 않던 여자. 혼자 오랫동안 아팠을 여자. 눈길 한 번 따뜻하게 주지 않았던 내가 당신의 가을을 산다.

살아야 할 이유

장마에 빨래가 마르지 않아 가족의 원망을 듣는다. 하루 더 입어도 좋으니 그냥 놔두란다. 덜 마른 양말을 신고 나간 후에도 나는 또 빨래 거리를 찾는다. 말리기 어려운 줄 알면서도 세탁기에 이불을 구겨 넣는다. 설거지를 하고 또 하고, 평상시보다 청소를 자주 하는데도 지저분한 곳만 더 보인다. 하루에 몇 번 머리를 감고, 잠시 쉴 틈을 갖지 않으려고 한다.

그러다 손을 놓으면 아무것도 하기 싫고 뭐 하러 이러나 싶어진다. 아침부터 저녁까지 깨다 자다를 반복하면서 하루 종일 먹지도 않고 누워 있을 때도 있다. 저녁 때 가족이 다 들어오면 안심을 하고 충만감을 느끼다가도, 귀찮은 짐처럼 싫어질 때도 있다. 하루는 상이 넘치도록 차렸다가 어느 날은 라면조차 끓이질 않는다.

나도 이런 상태가 싫다. 무엇에 홀린 듯, 발을 바닥에 대지 못하고 둥둥 떠다니는 느낌. 며칠째 이러고 있는 이유를 알기 때문에 그 이유에서 벗어나고 싶고 생각하고 싶지 않다.

옆에서 죽음이 서성거리고 있다는 느낌. 어깨를 툭툭 치고, 심지어 코앞에 얼굴을 바짝 대고 비웃으면서 들여다보고 있다는 느낌, 다만 그 존재를 눈으로 확인하지 못하고 걸음마다 따라다니는 그것과 하루를 함께 산다는 느낌 때문에 견딜 수 없는 것이다.

그 남자의 죽음이 나에게까지 유별난 충격으로 다가온 이유는 뭘까. 남편은 한 달에도 몇 번씩 상가에 다녀오고, 나도 요즘 들어 아프거나 죽은 이에 대한 소식을 많이 듣고 산다. 우리가 마흔 줄이 넘으니 결혼식이나 돌잔치에 초대받는 일은 거의 없고 장례식장에 갈 일만 많다고, 나이 든다는 증거가 아니겠냐는 말도 자주 한다.

남편의 직장 상사인 그 남자는 결혼 전에 보았고 여행을 같이 간 적이 있다. 우리보다 늦게 결혼한 예비 아빠가 여행 내내 어린 아내의 임신한 모습에 좋아하는 모습을 감추지 못해 놀리기도 했다. 그의 아내가 하도 응석을 부려 곱지 않은 시선으로 보았던 기억이 난다.

남편은 그 남자를 좋아해서 형님이라 부르며 스스럼없이 지냈고, 만나지 못하는 동안에도 양쪽 집 소식은 남자들을 통해 듣곤 했다. 그의 아내가 몇 년 전에 위암 수술을 했는데 완쾌했다거나 아파트 평수를 넓혀 이사 갔다고 하면 가까운 친척의 일처럼 기뻤고, 여행 중에 뱃속에 있던 아이가 고등학교에 갔다고 했을 땐 세월이 실감나지 않는다고 같이 웃었다.

"아직도 어린애처럼 남편에게 징징거릴까?" 하고 묻는 말은 그 가족의 평화롭고 행복한 모습을 확인하고 싶은 마음이었다.

그렇게 살았단다. 꽃처럼 가꾸며 살았단다.

어느 날 갑자기 퇴근 후에 집에 가는 중이라고 전화한 그 남자가 심장 발작으로 병원 응급실로 실려 가고, 아내와 아들이 청천벽력 같은 소리에 정신을 차릴 새도 없을 때, 가족 앞에 다시 돌아올 수 없는 길을 가기 전까지, 그렇게.

한 시간 안에 돌아올 남편을 기다리는 아내가 어제 같고 그제 같은 날의 연장인 줄 알았던 그 시간이, 자신의 운명이 바뀌는 시간이라는 걸 어떻게 알았겠는가.

장지를 다녀온 남편은 피곤하다며 내게 술상을 보라고 한다. 한숨을 쉬면서 그의 아내가 했다는 말을 한다.

"여기 다 있는데 왜 당신만 없어요. 무서워서 나 집에 못 가. 이렇게 갈 거면 왜 나를 꽃처럼 살게 했는데…."

그 말을 듣는 순간 눈물이 난다.

그리고 며칠을 허방을 짚는 것 같은 날들이 계속 되고 있다. 왜 당신만 없어요, 왜 없어요. 그 여자의 절규가 언제 내 것이 될지 모를 일이라는 생각에 사는 것도 무섭고 죽는 것도 무섭다. 가족이라는 이름으로 평화로웠던 삶이 한 가장의 자리 때문에 달라질 것을 생각하면 기가 막히다. 한 사람의 생에 걸린 인연이 질기고 무겁다는 생각이 든다. 차라리 혼자 몸이라면 덜 아플까, 외롭게 가는 것이 홀가분한 게 아닐까.

어느 날 갑자기 죽음이 찾아오면 죽음은 떠난 사람의 몫일까, 산 사람의 몫일까.

내가 이러고 있는 이유는 그 가족의 삶이 우리 집의 것과 별 차이가 없기 때문이다. 같은 직장이라는 것이 형제나 친척보다 더 현실감으로 다가온다. 결국 그의 죽음을 통해서 우리 가족을 보는 것이다.

어느 날 갑자기 준비도 없이 떠날 때 마지막 자리가 지저분할까봐 청소와 빨래에 기를 쓰다가, 그래봤자 이 여자 살림 못했다고 말해도 내 귀에 오지 않을 소린데, 그게 내게 남은 평판이라고 생각하는 자신이 우스워진다. 가기 전에 좋은 글 한 편이라도 쓰려고 노력해야 하는 건가, 그 글은 또 무슨 소용이 있나, 마르지 않은 빨래나 다름없는데 싶어 무기력해진다.

살면서 이루는 것들이 나의 선택이고 의지인 줄 알았다. 그런데 그것이 죽음이 가지고 노는 장난감밖에 안 된다는 생각이 든다. 마치 인형놀이를 하다가 싫증나 던지고 떠난 자리처럼 죽음은 천진하고 무심한 얼굴로 한 사람의 생을 던져 버리고 또 다른 장난감에 몰두하는 게 아닐까.

그것을 모르고 내 것이라고 믿는 것에 악착을 떨며 욕심 부리고 싸우고 마음 상하고 쌓고 또 쌓으려고 하는 게 아닐까. 사랑도 쌓고 부와 명예도 쌓고, 많이 모으는 게 모두 내 소유가 되는 것처럼. 죽음이 변덕 심한 아이처럼 손가락 하나로 흩어버리면 그만인 순간까지도 알지 못한 채, 보지 못한 채.

그래도 어쩌랴. 이 두려움의 가장 큰 이유를 알고 있는데.

출근하는 남편의 와이셔츠가 후줄근할까봐, 아이가 깨워주는 사람 없어 지각을 할까봐 당장 내 삶의 이유는 사소하고 가볍지만 이보다 더 살아야 할 이유가 있을까.

"난 마당 있는 집에서만 살아야 할 것 같아. 만일 당신이 먼저 간다면 당신 좋아하는 나무 하나 심고 수목장 할 거야. 창문 앞에 가까이 두고 애들 속 썩이면 일러바치며 살 거야."

남편은 픽 웃더니 빈 잔에 술을 채운다. 잔이 넘치는데도 모르는지 자꾸 채운다.

병은 무엇으로 고치나

약국 앞에 요상한 것이 있다. 자전거 같기도 하고 운동기구 같기도 한 것이 한눈에도 낡아 보인다.

'버리는 물건 아님. 아이들 놀고 가세요.'

친절한 문구도 눈에 띈다. 보나마나 실장이 내놓았을 것이다. 약국은 실내도 어수선하다. 곳곳에 장난감 말, 동화책이 널려 있고 작은 의자도 서너 개 있다. 2층이 소아과이고 3층에 영어 학원이 있다 보니 보호자 없이도 약국에 오는 아이들이 많은 모양이다. 그런데 약을 지으러 오는 아이들보다 놀러 온 아이들이 더 많아 항상 소란스럽다.

실장은 덩치가 크고 인물도 번듯하여 대기업 부장 같은 느낌을 주는 사람인데, 항상 아이들하고 장난을 치고 있다. 빨간 스펀지로 루돌프 사슴코를 하고는 마술쇼를 하고, 아이들은 저도 해보겠다고 덤빈다. 여학생들에게 "넌 심 씨니까 심 봤겠다. 넌 김 씨니까 김 샜겠네" 하는 실없는 농담도 한다. 약국이라는 네버랜드에 사는 피터 팬이다.

바쁜 건 부인으로 보이는 약사다. 음악방송 디제이를 해도 좋을 만큼 목소리가 좋은 여인이다. 웃는 게 예쁜 사람이 그렇듯이 눈가에 생긴 주름이 나이를 말해줄 뿐, 뛰어난 미모인데다 나직한 목소리는 상담을 하다보면 약이 아니라 신청 음악을 들려줄 것 같은 착각을 일으키게 한다.

한쪽에선 놀이방처럼 시끄럽고, 한쪽에선 클래식 음악이 흘러나오는 카페 같은 곳이 약국의 풍경이다.

어쩌다 약사가 약국을 비우면 약국은 마비가 된다. 실장은 처방전 없이 팔 수 있는 활명수나 반창고 하나 내주는 것도 어딘지 서툴러 보인다. 그는 근처 슈퍼마켓에서 볼 때가 더 편하고 자유로워 보인다. 반바지에 슬리퍼 차림으로 슈퍼마켓을 백화점 쇼핑하는 것처럼 어슬렁거리며 돌고 있다.

그의 표정이나 행동은 내가 이제껏 보아왔던 어떤 중년의 남자에게서도 볼 수 없는 것이었다. 무거운 짐을 진 듯 피곤해 보이거나 웃은 지 오래 되어 웃는 법을 잊어버렸거나, 아니면 비장해 보이거나 그늘 한 자락쯤 흔적처럼 남아 있는 게 중년 남자의 얼굴이라고 생각했는데, 그는 그렇지 않았다.

나는 그를 볼 때마다 현실에서도 피터 팬으로 사는 게 가능할까 궁금했다. 그리고 피터 팬의 부인으로 사는 웬디 약사는 과연 행복할까, 동시에 궁금했다.

약국에 들렀다가 장을 보고 오던 길이었다. 빠트린 것이 있어서 다시 약국에 들렀다. 시간이 늦어서인지 손님은 아까 보았던 외국인 노동자 한 사람뿐이었다.

실장은 낮에 보았던 사람인가 싶게 진지한 표정으로 그에게 영어를 가르치고 있었다. 팔을 다쳤는지 붕대를 감은 청년은 약을 사러 왔다가 실장에게 영어를 배우게 된 모양이었다. 그 모습이 하루 이틀 된 게 아닌 것 같았다.

건너다보는 약사의 눈가엔 예의 그 보기 좋은 주름이 잡혀 있었다. 약은 샀는데 발길이 떨어지지 않았다. 정작 약사에게 상담하고 싶은 증세가 그제야 느껴졌기 때문이었다. 언제부턴가 동화를 믿지 않게 된 슬픔, 닫힌 가슴, 아줌마 식 궁금증과 판단…. 자각증세가 나타나지 않아 방치한 채 이미 초기를 넘었을 병을 털어놓고 싶었다.

파스 한 장 사러 온 할머니가 영감님 흉보느라 시간가는 줄 모르고, 소화제 달라고 온 여학생이 학원에 가기 싫다고 푸념하다 가는 약국.

쓸쓸한 것도, 심심한 것도, 할 말 못하는 것도, 매사 심드렁한 것도 병이라는 것을 아는 사람은 약사만이 아니었던 것이다.

약국을 나오면서 문득 약사자격증이 없어도 차릴 수 있는 약국이 떠올랐다. 사실은 자격증보다 더 어려운 것을 문 앞에 내놓아야겠지만.

'버리는 마음 아님. 누구든 놀고 가세요.'

우리 동네 약국 이름은 '사랑약국'이다.

던진 돌은 어디로 갔을까

퐁당, 아이가 돌멩이 하나를 냇물에 던진다. 건너편 누나는 모른 척 나물만 씻고 있다. 심심한 아이는 두 개, 세 개 돌멩이를 더 던진다. 냇물이 퍼져 누나 손등을 간질이도록.

3학년 2반 아이들도 장난을 치고 싶었나보다. 같은 노래를 반복해서 듣기에 지루할 때도 되었다. 음악 실기 시간, 몇 번이고 되풀이되는 풍금 소리가 싫증날 즈음, 마침 장난칠 거리가 하나 생겼다.

한 아이가 퐁당, 돌멩이 하나를 던졌다. 처음엔 작은 소리였다.

"킥!"

그 소리를 신호로 아이들이 돌을 던지기 시작했다.

"킥킥킥, 깔깔깔, 와하하하…."

돌멩이는 하나가 아니라 수십 개, 그것이 냇물에 떨어지자 물방울이 사방으로 튀었다. 이윽고 건너편에 서 있는 한 아이에게 물방울이 튀었고, 점점 많아진 물방울은 소나기처럼 그 아이에게 집중적으로 쏟아졌다.

물세례를 받은 아이는 나였다.

내 차례가 되자 풍금 소리에 맞춰 첫 소절을 부르던 참이었다.

"퐁당퐁당 돌을 던지자."

"야, 쟤 좀 봐. 퐁당퐁당 돌이 던지자래. 돌이 던지자."

갑자기 아이들이 웃기 시작했다. 내가 노래를 이상하게 불렀다는 것이었다. 수없이 연습했고, 앞의 친구가 부를 때 속으로 몇 번씩 불렀던 노래인데 틀렸다니…. 선생님이 소란스러운 아이들을 진정시키고 다시 시켰다. 신경을 잔뜩 세우고 다시 불렀다. 그런데 이번엔 선생님까지 웃었다. 나는 '돌을 던지자'로 불렀는데 왜 아이들과 선생님 귀에는 '돌이 던지자'로 들린 것일까.

한참 후, 선생님은 한 번 더 불러 보라고 하셨다. 세 번이나 부르게 되자 자신이 없었다. 입을 다물었다. 선생님은 노래를 안 부르면 점수를 주지 않겠다고 하셨다. 수십 개의 눈동자가 내 입술에 쏠렸다.

"퐁당퐁당 돌…."

일부러 아이들을 웃기려고 작정한 것처럼 되어버린 음악시간, 선생님조차 소리 내어 웃으셨고, 아이들은 오랫동안 나만 보면 '퐁당퐁당'을 합창하고 다녔다.

그 후로 절대 노래를 부르지 않았다. 애국가도 교가도 교내합창대회 때도 소리 내지 않았다. 아니, 낼 수가 없었다.

조사(助詞) 하나가 돌이 되었다.

다수에서 간단히 소외되었을 때의 충격은, 초등학교 3학년짜리 여자애에게 '고립'이라는 게 얼마나 무섭고 외로운 것인 줄을 알게 했고, 알면서도 점점 더 소외되는 악순환을 되풀이하게 했다. 처음, 두 번째는 자신했던 것을 여럿이 잘못이라고 하니까 나중에는 스스로도 믿지 못하게 되었던 것은 아닐까.

돌은 물에 떨어지면서 파문을 일으킨다.

물방울은 빨리 튕기지만, 파문은 천천히 헤엄치듯 건너편 기슭으로 건너간다. 드디어 파문이 아이의 손에 닿았다. 노래에 입을 다물어버린 아이, 조사의 충격으로부터 벗어나는 길이 무엇인지 찾았다. 나는 노래 대신 책을 읽었고, 글을 쓰기 시작했다. 일기를 쓰고 동시를 짓고, 그것이 노래보다 즐거운 유희가 되었다.

물 밑바닥에 가라앉은 돌멩이는 건졌을까.

이제 어른이 된 나는 아이들에게 '주어'와 '서술어'만으로 온전한 문장을 이룰 수 없음을 설명하고 있다. 조사 '을'은 목적어가 되고 조사 '이'는 보어가 된다는 것, 돌을 던져야지, 돌이 던진다는 말은 없다는 것을. 주인 되는 말, 풀이하는 말보다 도와주는(助) 말이 되기 위해서 아이들하고 같이 글을 쓰고 고치면서 마주 하고 있다.

오늘은 글방에 온 지 한 달 된 진오의 글을 읽는다. 진오는 3학년이다.

'내가 만일 꽃샘 눈이라면.

나는 꽃샘 눈이야. 우리가 흙이 있는 곳으로 가면 땅속에서 돌맹이에 부닥치면서 가겠지. 그럼 상처가 나겠지만 식물들이 잘 자라겠지? 우리가 길을 많들었으니까 씨았이 물억물억 자라겠지.'

진오는 '무럭무럭'을 소리 나는 대로 써놓고 읽을 땐 어떻게 읽어야 할지 갸웃거린다. 아이들이 떠듬떠듬 읽는 진오를 답답해 하니까 속이 상했는지 기어코 운다.

빨간 펜으로 틀린 글자에 동그라미를 치려다가 손을 내려놓는다. 너는 조사는 하나도 틀리지 않았구나. 낱말 몇 개 틀린 게 무슨 대수랴.

꽃샘 눈이 땅 속에서 돌멩이에 부딪쳐 상처가 나도 길을 만들어가듯, 진오도 '물방울 한 방울'로 사람들을 도와줄 수 있는 아이로 클 텐데. 벌써 진오의 물방울이 내 손등에 닿았는데.

나는 진오의 손을 잡고 '퐁당퐁당' 때문에 울었던 이야기를 해준다. 아이들이 불러달라고 조른다.

"퐁당퐁당 돌이 던지자. 퐁당퐁당 돌이 던지자."

진오가 까르르 웃는다.

"선생님이 돌이 던지자래."

물 밑바닥에 가라앉은 돌멩이는 건졌을까.

글방 아이들의 말에 3학년 2반 아이들이 다시 웃기 시작한다. 풍금 앞에서 울던 나도 웃는다. 다 같이 합창한다.

돌들이 냇물로 떨어지기 시작한다. 물방울이 튀고 물방울보다 더 높이 노래가 튀어 오른다.

글방 아이들

글방 아이들에게 공책 대신 신문지를 나눠준다. 오늘은 그동안 화나고 속상했던 일, 답답했던 일 마음껏 쓰고 욕하고 싶으면 욕을 써도 좋다고 하니, 5학년 태민이와 태양인 무슨 말인 줄 금방 알아듣는다. 재작년에도 비슷한 수업을 한 적이 있었기 때문이다. '한글의 날'이 가까워졌다는 뜻이기도 하다.

그땐 풍선을 불고 알고 있는 욕을 다 써보라고 했다. 그 풍선을 발로 밟아 터트리고 나면 다신 그 욕은 하지 않겠다고 약속하자고 하자, 아이들은 정말 어마어마한 욕을 풍선에 썼다. 마당에 나가 터트리기로 했는데, 발로 밟는 걸로 모자라 엄나무 가시에 던지는 아이들도 있었다.

글방을 하면서 본 바에 의하면, 여자애들보다 남자애들이 욕을 먼저 배운다. 3학년 때까진 욕을 하면 큰일 나는 줄 아는 아이들이, 4학년이 되면 친구 따라 한두 번 하기 시작한다. 그때만 해도 욕하는 게 나쁘고 부끄러운 일이라는 걸 알기 때문에 가책을 느끼지만, 5학년이 되면 자연스러운 언어가 되고 만다. 5학년 때 욕을 하느냐 안 하느냐에 따라 언어습관이 달라진다. 그렇다고 여자애들이 욕을 하지 않는 건 아니다. 남자애들처럼 학년에 따라 조금씩 달라지는 게 아니라 어느 날 갑자기 공부를 잘 하는 아이도 심한 욕을 쓰기 시작하는 경우가 많다.

또래와 어울리기 위해서, 화풀이하기 위해서, 별 의미 없이 시작했다고는 하지만 중학생이 되었을 때, 욕하는 아이는 그것이 없이는 대화가 안 된다고 한다.

몇 년 동안 '한글의 날'이 다가오면 세종대왕과 자랑스러운 한글에 대해 알아보고 '고운 말 바른 말 쓰기'를 위해 신조어, 유행어, 외래어에 대해 수업을 했다. 중학생 정도 되면 저희들이 잘못 쓰는 언어에 대해 반성도 하고 앞으로의 다짐에 대한 글을 잘 썼다. 그러나 그때뿐, 수업이 끝나면 도루묵이었다. 한글이 유네스코 기록 유산에 등재되었다는 사실은 아이들에겐 알아야 할 지식일 뿐 실생활엔 아무 도움이 되지 않았다.

그래서 초등학교 때 바로 잡아주는 것이 중요하다는 것을 알았다. 그동안 책을 읽고 독후감을 쓰거나 토론 수업을 했는데 방법을 달리 해야 할 것 같았다. 욕하지 말라는 말은 훈계로 듣고 흘리니 속에 있는 욕을 꺼내게 하는 방법을 찾아보았다.

태민이와 태양이가 3학년 때, 욕 풍선을 불게 했다.

태민이는 그때까지 한 번도 욕을 해본 적이 없으니 평생 하지 않을 자신이 있다고 했다. '내가 욕을 하면 제일 먼저 듣는 것이 내 귀다. 욕이 친구에게 가기도 전에 욕을 들은 내 귀가 더럽혀지고, 욕을 하는 내 입이 더러워지는 것이 싫다'는 글을 썼다.

태양이는 정말 욕하고 싶을 만큼 화가 났을 때를 위해서 한두 개의 욕은 남겨 놓겠다고 했다. 그리곤 '너 죽을래' 하는 대신에 '너 천국에 빨리 가고 싶구나'라고 바꿔 말하겠다고 했다. 제 귀도 입도 더럽히지 않고 욕하는 방법이라는 것이었다.

심성 바른 아이들이라 걱정하지 않았지만, 작년 한글의 날 물어보니 둘 다 약속을 지켰다고 했다. 태민이는 한 번도 욕을 하지 않았고 태양이는 꼭 필요해서 몇 번 했다는 말에 한참을 웃고 다시 일 년 약속을 연장했다.

5학년이 된 아이들에게 서서히 악마의 유혹이 시작된 것 같아 다시 그 수업을 하기로 한 것이다.

이번엔 신문이 신문고 역할이다. 여섯 명의 아이들이 신문지에 매직펜으로 글을 쓰기 시작한다. 선생님은 보여주지 않아도 된다고 했는데 몇 명은 제가 쓴 것을 보여주고 싶어 한다.

그 중 3학년인 강희의 글이 충격적이다. 매일 괴롭히고 때리는 아이가 있다는 것이다. 강희는 씩씩하고 똑똑한 아이다. 방과 후 요리교실에서 쿠키를 만들면 글방에 가지고 와서 같이 먹기도 하고, 질문도 잘하고 글도 잘 쓴다. 그런데 3학년이 된 후론 산만해지고 자신감도 떨어졌는데 그 이유를 신문고를 통해서 알게 된 것이다. 강희의 글을 읽고 5학년 형들이 그 녀석을 야단치겠다고 나선다.

태양이는 나에게 신문지 한 장을 더 달라고 한다. 책을 많이 읽은 태양이는 습관처럼 신문기사를 읽었던 모양인데 자기가 공감하는 글귀가 있어서 그 위에 함부로 나쁜 말을 쓸 수가 없다는 것이다. 신문지를 바꿔주고 보니, 동인문학상 후보에 오른 작가들이 쓴 문장이다.

> 존재의 소멸보다 이름의 소멸이 왜 더 허무한 느낌을 줄까, 오랫동안 생각했다.
>
> - 권여선의 「비자나무 숲」 중에서

> 매년, 몇 십 년 동안 많은 일들이 있었지만 그러나 일식처럼, 하루하루는 잊혀갔다.
>
> - 박성원의 「하루」 중에서

몇 십 년은커녕, 이제 십 년하고 일 년 더 살았을 뿐인 태양이가 소멸의 허무를 공감한다니. 다른 아이들의 말이라면 믿지 못하겠지만, 『도덕경』 『군주론』까지 읽은 태양이가 하는 말이니까 믿는다.

태민, 태양이와 친구인 승현이는 무얼 썼는지 풀을 달래서 봉하기까지 한다.

아이들에게 마당에 나가 신문지를 찢어 날리자고 했더니 이참에 불장난까지 하고 싶다고 조른다. 모두 나와 조각조각 찢은 신문지를 하늘 높이 날리며 종이 눈 내린다고 좋아하고 구겨서 공으로 던지기도 하는데, 어찌 된 일인지 태양이만 늦게 나온다.

한 맺힌 게 많아서 쓸 게 많았단다. 그리곤 신문지를 둘둘 말아서 바위를 치기 시작하더니 신문지가 너덜너덜해질 때까지 마구 치는 것이다.

"왜 나만 다 들어줘야 하는데! 왜 나만 착한 애가 되어야 하는데!"

태양이가 그렇게 큰소리를 지를 줄 몰랐던 아이들이 놀란다. 항상 웃는 얼굴로 친구들 고민은 도맡아 들어주고, 학예회 때는 다들 피하는 친구와 짝이 되어 춤을 추었던 태양이에게는 착한 아이 콤플렉스가 있었던 모양이다.

마음속에 쌓였던 억울함과 분노, 욕하지 못했던 것들을 써서 화형식까지 하고나니 아이들의 얼굴이 맑은 물로 씻은 듯 개운해 보인다. 든든한 백이 생긴 강희는 가슴이 뻥 뚫렸다고 좋아한다.

"오늘은 딴 때보다 더 재미있게 놀고 가요."

아이들이 부산스럽게 뛰다가 간 자리엔 신문지, 공책, 연필이 어지럽게 널려 있다. 아이들이 잘 놀았다고 하는 날은 수업을 성공적으로 한 날이다.

"나만큼 창의적인 선생님 있음 나와 보라고 해."

악플 방지를 위해 지난주엔 '글방 친구 칭찬하기'를 쓰게 했는데, 오늘은 내가 나를 칭찬하고 있다. 그런데 어쩐지 신바람이 일지 않는다. 태양이와 강희의 마음이 걸리기 때문이다. 아이들이 행복한 글방이 되려면 갈 길이 멀다.

4

가을 애호박

가을볕이 아까워 애호박을 말리기로 했다.

늦게 열려 늙은 호박이 되긴 틀렸고 씨도 받을 수 없는 게 애호박이다. 가을에 말리는 호박이 맛있다고 한다. 오일장에서 한 아름 사와 볕 좋은 날 썰기 시작한다. 마루에 앉아 호박을 써는 동안 등에 업힌 따가운 햇살에 마음이 바쁘다. 또각, 또각, 또각… 일정한 칼질 소리뿐 주위가 조용하다. 한 채반 펼쳐 마당에 내놓고, 또 한 채반 채우려고 칼을 들다 멈칫, 손놀림을 멈춘다. 동그랗게 썬 호박의 단면에 있는 무늬가 눈으로 확 달려드는 듯하다. 다식판의 꽃 모양 같기도 하고, 사방연속무늬 같기도 하고, 산사의 문살에 새겨진 꽃 조각 같기도 한 무늬가 호박을 썰 때마다 한 장씩 펼쳐지고 있다.

세 개의 V자 모양의 선이 서로 이어져 각각 Y자 모양을 만들고 있고, 그 안에 두 세 개의 호박씨를 품고 있다. 처음엔 예쁘게 보이던 것이 볼수록 마음을 어지럽힌다. 그 무늬가 나팔관을 연상시킨다.

가을 애호박은 씨가 되지 못한다는 말이 마음에 걸린 것일까. 불임의 자궁을 보는 것 같아 손을 놓고 만다. 어느새 나는 내 몸 속의 나팔관을 생각하고 있었던 것이다. 자칫하면 위험한 칼질에 떨어져 나갈 뻔한 나팔관과 씨앗 같은 생명을….

"자궁 외 임신이군요. 태아가 나팔관에 자리를 잡았어요. 하루 빨리 수술하는 게 좋겠어요."

산부인과 의사는 닳고 닳은 말투로 말했다. 임신 사실을 받아들이기도 전에 수술이라는 말부터 귀에 들어왔다. 친구가 분만한 병원에 축하해주러 갔다가 상상도 못했던 말을 들었다. 첫애를 낳고 5년 동안 아무 소식도 없다가 생리가 늦어서 진찰이나 받아보려던 자리였다.

며칠 후 종합병원에 가서 다시 진찰을 받았다. 먼젓번 의사가 오진한 것이길 바라는 마음에 찬물 끼얹는 소리를 한다.

"이상하네요. 쌍둥인가, 자궁과 나팔관 두 곳에서 태아가 보이는군요."

어차피 자궁 외 임신은 확실하니 낙태수술은 피할 수 없다고 했다. 기가 막혔다. 정상적으로 아이가 생겼어도 낳아야 할지 말아야 할지 고민할 텐데 낳을 수 없는 아이가 생겨 수술을 해야 한다니.

그날, 휘청거리며 돌아오는 길에 술을 사갖고 들어와 인사불성이 되도록 마시며 울었다. 몸에 아무 이상이 없어도 살기가 막막한 날들이었다. 남편이 남의 빚보증을 잘못 서서 월급을 거의 가져오지 못하는데다, 내가 시장에서 조그만 점포를 얻어 시작한 양품점은 장사가 안 돼 일 년 가까이 보증금을 까먹고 있는 때였다. 남은 보증금이라도 받아 생활비로 쓰려고 주인에게 가게를 빼달라고 한 참이었다. 그런데 수술비가 한 달 생활비보다 크다는 것과 한쪽 나팔관을 떼어내야 한다는 말에, 불운이 작정하고 나를 괴롭히려 드는 것처럼 여겨졌다.

이미 배 속의 것은 생명이 아니라고 생각했다. 술이라도 마시고 쓰러지고 싶었다. 며칠 후 궁금해서 집에 들른 이모가 술잔을 빼앗지 않았다면, 술김에 죽을 생각까지 했을 것이다. 이모는 며칠 더 기다려서 첫애를 낳았던 병원에 가보자고 했다. 어쩔 수 없는 사실이면 받아들이고 그 병원에서 수술을 하자고 달랬다. 보름 후 찾아간 병원에서 뜻밖의 진단 결과가 나왔다.

아이는 정상적으로 자궁에 임신이 되었으며, 나팔관에 생긴 것은 혹인데 그냥 두면 없어질 수도 있고 있어도 큰 지장이 없다는 것이었다. 기쁜 마음보다 혼란이 생겼다. 임신을 하고도 마신 술이 걱정이었고, 아이를 낳을 수 없는 형편도 마음에 걸렸다. 생각 끝에 아이를 지우기로 했다. 남편과 함께 병원에 갔다.

"선생님, 수술하러 왔어요."

"아이는 하나로 만족하실 건가요. 산하에게 동생이 없어도 괜찮겠느냐고요."

"나중에 형편이 되면…."

"나중은 없어요. 첫애 낳고 5년 만에 생긴 아이잖아요. 잘 생각하세요."

"……."

의사는 대답을 못하는 우리 부부를 남겨둔 채 진찰실을 나갔다. 한참 만에 남편이 어깨를 툭 쳤다.

"뭐해, 일어나지 않고."

아무것도 생각하지 않기로 한 것.

그것밖에 둘째 아이에게 해준 태교가 없었다. 첫애 때 시부모를 모시면서 갈등을 겪느라 태교는커녕 임신한 것이 후회스럽기까지 했는데, 아이는 내가 마음을 편히 갖지 못하고 열 달을 보내서인지 지금도 예민하다. 둘째는 우여곡절 끝에 간신히 생명을 건진 것 자체가 태교가 되고 말았다. 내 뜻대로, 걱정하는 대로 되는 일이 없다는 생각에 배 속의 아이에게 "우리 시간이 지나가기만 기다리자" 하고 속삭이며 동면하듯 머리를 비웠다. 정말 감쪽같이 근심이 사라지고 생명이 자라는 것만 신기했다. 내가 아이를 살린 것이 아니라 아이가 지옥 같은 고통 속에서 나를 살려낸 것이었다.

다시 호박을 썬다. 또각, 또각, 또각….

호박의 단면에는 나팔관 무늬가 새겨져 있고, 얌전하게 박혀 있는 호박씨는 초경을 기다리는 난자 같다. 이 호박씨가 단단하게 여물지 못해 땅에 심어질 씨앗이 되지 못하더라도, 그것이 불임의 자궁이 아님을 생각한다. 그것은 씨앗의 선택이 아니다. 가임의 계절을 맞추지 못했다 해도 호박은 먼젓번 씨앗에서 발아되어 열매가 된 것으로도 제 할 일은 다했을 뿐이다. 제 인생의 몫인 양 호박은 칼날을 받아들인다.

집안의 정적을 깨고 우당탕거리며 아이가 뛰어 들어온다. 채반마다 널어놓은 호박을 보더니, "엄마만 재미있게 놀고 있잖아. 나도 학교 가지 않고 엄마처럼 칼 장난이나 했으면 좋겠다"며 저는 말린 호박보다 호박전이 좋다고 한다.

전을 부칠 호박을 써는데, 호박에서 씨앗 하나가 튕겨 아이의 얼굴에 가 붙는다. 아이를 끌어안고 싶은 마음이 불쑥 들지만, 그냥 씨앗만 떼어낸다. 지금 안으면 아이가 으스러질 것 같다.

저도 해보겠다고 덤비는 녀석의 동그란 머리통 위로 가을볕이 눈부시게 쏟아진다.

무드 잡으러 간다

종일 햇볕이 들어오지 않는 반 지하방에서 세 식구가 휴일을 보내려면 하루가 길었다. 아침부터 친정에 가서 세 끼를 해결하는 것도 한두 번이라, 날씨만 좋으면 낙성대로 놀러 가곤 했다.

유치원 다니는 딸을 공주처럼 꾸며 놓으면 덕분에 우리도 왕과 왕비가 되어 행차하는 기분이었다.

"엄마, 어디 가?"

"무드 잡으러."

낙성대 연못에서 잉어도 보고 배드민턴도 치고 손그네도 태워주고 어둑할 때까지 놀다가 돌아오려던 때였다.

갑자기 딸이 울기 시작했다.

"무드 잡아준다더니 왜 그냥 가?"

딸은 잠자리나 나비처럼 무드를 채집해줄 줄 알았던 모양이었다. 하루 종일 놀아준 게 소용없어졌다. 원망 가득한 눈에 눈물이 뚝뚝 떨어졌다.

아빠가 허공을 향해 '무드, 무드' 하면서 잡는 시늉을 했다. 엄마도 높은 곳을 향해 팔을 뻗으며 허공을 낚아챘다. 잡힐 듯 잡히지 않는다는 듯 열심히 무드를 잡으러 뛰었다. 그제야 딸의 얼굴이 함빡 피었다.

딸의 손에 무드를 쥐어 주었다.

"너무 꽉 잡으면 부서지니까 달걀 잡듯 살짝 쥐고 가야 해."

"응."

등에서 잠든 아이를 자리에 뉠 때까지도 딸은 동그랗게 쥔 손을 펴지 않았다.

딸은 아침에 일어나 손부터 살피곤 실망을 해도 곧 씩씩하게 말했다.

"아빠, 다음엔 더 높은데 있는 무드 잡아줘."

그 말에 아빠의 어깨는 처지지 않았다.

지하 방에 사는 동안 우리는 참 많은 무드를 잡았다. 아니, 지하 방에 살았기 때문에 우리는 참 많이 무드를 잡을 수 있었다.

내가 딸만 했을 때, 엄마도 우리 남매에게 이른 저녁을 먹이고 집을 나서곤 했다. 동생이 얼마나 개구진지 잠시도 내려놓지 못해 엄마는 동생을 업고 밥을 먹었다. 주인 집 딸 얼굴은 하루도 성할 날이 없었고, 엄마는 동생이 내다버린 주인 집 물건하고 비슷한 것을 찾으러 동대문 시장에 가는 날이 허다했다. 엄마는 동네 언덕에서 우리가 졸릴 때까지 양쪽 무릎에 기대게 하곤 옛날이야기를 해주곤 했다.

계단에 빨래판을 놓고 셋이 앉아 버스 정류장을 내려다보면서 아버지를 기다릴 때도 있었다.

"아버지 언제 오나 머리 한 번 긁어봐라."

엄마가 시키면 눈치 빠른 나는 앞머리를 긁곤 했다. 뒤통수를 긁으면 아버지가 늦는다고 혼났기 때문이었다.

집이 없었을 때 우리는 엄마의 동화를 참 많이 들었다. 아니, 집이 없었기 때문에 엄마의 동화를 참 많이도 들을 수 있었다.

내가 6학년 때 엄마는 '저 많은 불빛 중 하나가 우리 것'이길 소원했던 꿈을 이뤘고, 나도 딸이 6학년 되던 해에 방이 4개나 되는 집을 지었다.

열 개가 넘는 창문으로 하루 종일 볕이 들고 계절마다 풍경화가 바뀐다. 한 달 전에 산 화분엔 이른 봄꽃이 알록달록 피고지기를 되풀이 한다.

그렇지만 그 아까운 걸 혼자서 본다. 딸은 대학에 입학하면서 외가로 갔고, 남편은 고3 아들 과외에 데려갔다 오느라 둘 다 자정이 되어야 들어온다.

혼자서 밥을 먹고 TV를 보고 일어났다 앉았다 하다가 엄마에게 전화를 한다. 엄마는 집에 없다. 엄마도 혼자서 집에 있는

엄마는 당신이 지은 동화에 대해선 다 잊어버린 모양이다.
가난한 엄마들이 무엇으로 동화를 쓸 수 있는지 이제 나는
알 것 같은데도.

것이 싫은 것이다. 노인정에 있을 엄마에게 휴대전화를 한다.

"엄마, 신설동, 옥수동 살았을 때 우리 집 없어서 엄마 속상했어?"

"무슨 소리, 너희들 어렸을 땐 입에 밥 들어가는 것만 봐도 좋았지."

엄마는 당신이 지은 동화에 대해선 다 잊어버린 모양이다. 가난한 엄마들이 무엇으로 동화를 쓸 수 있었는지 이제 나는 알 것 같은데도.

꽃을 바라보다 오래된 기억이 떠오른다. 아내의 생일에 장미 꽃다발을 사들고 들어온 남편에게 냉장고 놓을 자리도 없어 방에 들여놓고 사는 주제에 꽃병 놓을 자리가 어디 있냐고 면박을 주었던 일이다. 그러고 보니 그 후에 남편이 꽃다발을 들고 온 적이 없는 것 같다. 딸은 무드가 날아갈까 봐 손도 못 펴고 잠들었는데, 나는 남편이 쥐어준 무드를 박살내고 말았던 것이다.

지금이라도 무드 잡으러 가자고 하면 남편은 어떤 얼굴을 할까. 어느새 주름 깊은 남편의 얼굴.

아들의 첫 여자 친구

세 살 된 아들을 데리고 기차역으로 가던 중이었다. 처음 보는 동네 할머니에게 아들이 반갑게 인사를 했다.

"할머니, 안녕하세요?"

그래놓곤 몇 발자국 가지도 않아 아들이 묻는 말,

"엄마, 쟤 어디 가?"

할머니는 웃으면서 잘 다녀오라고 하시는데 나는 졸지에 애교육 제대로 못 시킨 엄마로 비쳤을까봐 얼굴이 화끈거렸다.

그날은 아이에게 처음으로 기차를 태워주기로 한 날이었다. 강릉으로 이사 온 지 한 달이 다 되어 가는데, 기찻길 가까운 집에 살다보니 아이는 기차 소리를 무서워했다. 집 밖에 나갈 생각은 하지 않고 창문 앞에 붙어 서서 기차 수만 세었다. 강릉에서 동해까지 짧은 거리지만 기차를 태워주면 두려움이 가실까 싶어 나선 것이었다. 기차 안에서 아이에게 인사말을 가르칠 생각이었는데 그 사이 잠이 들었다.

바닷가에 가니 바위에 가려서 수평선이 보이지 않았다. 아들을 번쩍 안아 바위에 올려놓고 이번엔 내가 오르려는데, 아들이 손을 내밀었다.

"엄마, 내 손 잡고 올라와."

단풍잎 새순 같은 손으로 나를 잡아주겠단다. 세 살 밖에 안 되는 녀석이 애인처럼 남편처럼 말했다. 제 힘을 가늠할 줄 모르니 손만 잡으면 끌어줄 수 있다고 생각했던 모양이었다. 아들 덕에 올라간 것처럼 추겨주자 아주 의기양양했다. 탁 트인 수평선을 향해 아이가 소리를 질렀다. 바다야, 안녕. 파도야, 안녕. 갈매기야, 하늘아, 구름아, 안녕, 안녕….

손을 흔드는 아이를 보다가 아까 만난 할머니가 생각났다. 아들에겐 어른이라는 개념이 생기기 전이라 그저 새 친구로 보였던 것일까. 친구가 반가워 인사를 하고, 친구 가는 곳이 궁금해서 물어봤을, "재, 어디 가"였나.

나는 인사말을 가르치려던 것을 잠시 접기로 했다.

이제 막 말을 배우기 시작하는 아들은 모두 제 친구다. 그 원시의 땅에 서둘러 어른의 말을 심으려 하지 않아도 아이는 크면서 문명의 씨앗을 심을 것이다. 그러면서 바다와 파도와 갈매기가 제 친구였다는 것을 잊어버리고, 하늘을 보는 시간이 줄어들고, 구름이 어두워지면 우산을 들고 나서겠지. 어른인 엄마처럼.

오늘 아들이 묻는다.

"엄마, 10년 전에 난 어땠어?"

그 일이 생각나 이야길 해주자, 제 머리를 쥐어박는다.

"아니, 내가 그렇게 버릇없는 놈이었단 말이야? 모르는 할머니, 용서해주세요."

할머니도 당신이 아들의 첫 번째 친구인 줄 알고 계셨을까. 어린 녀석의 여자 친구가 된 게 재미있어서 웃으셨던 것일까.

착한 엄마 되기 힘들어

눈을 떴어도 꿈에서 놓여나지 못한다.

누군가 나에게 다그치던 말 때문이다.

"아이만 내버려두고 나오면 어떡해? 혼자서 눈 뜨면 얼마나 무섭겠어?"

"그럼 어린 것을 데리고 나오란 말이야? 애 깨기 전에 가면 돼."

무거운 옷가방을 둘러매고 사람들 사이로 사라지는 나를 보고 있던 누군가는 아이에게 가야한다며 조급한 마음으로 돌아선다.

꿈을 털어내지 못한 채 식탁에 앉자, 다그치던 사람이 누군지 알 것 같다. 그 사람도 나라는 것을. 20년이 지났어도 미안한 마음을 지우지 못하고 있는 지금의 나.

딸이 돌도 되기 전에 동네에서 양품점을 했을 때였다. 새벽에 도매 시장에 갔다가 남편 출근 전에 와야 하는데 그 시간을 맞추지 못할 때가 있었다. 내가 새벽시장에 가는 날은 동네 골목의 가게들이 다 비상이 걸리곤 했다. 문방구, 채소가게, 목욕탕, 만두집…. 이웃에게 부탁을 해놓았기 때문에 혹시라도 아이 우는 소리가 나면 누구든 달려갈 것이고, 아이가 밖으로 나와도 누군가가 안아갈 것이었다. 그런데도 아이가 우는 모습이 발끝마다 채여 마음을 졸이며 달려오곤 했다.

딸이 세 살이 되었을 때부터는 아이를 데리고 도매시장에 갔다. 바퀴 달린 여행 가방에 앉혀 장을 보는 동안 아이는 가방 안에서 인절미를 먹곤 했다. 가방에 장 본 옷들이 채워지면 그때부터는 걸어서 따라 다녔다. 아무리 붐비는 시장에서도 아이를 잃어버린 적이 없었다. 물건을 고르는 동안 가방을 지키고 있다가 빠트리는 물건까지 챙기는 아이였다. 가방 타고 시장골목을 누비는 것을 아이는 놀이처럼 재미있어 했다.

옷가방으로 모자라 몇 개의 봉지를 묶어 어깨에 메고 아이 손을 잡고 돌아올 땐 택시비를 아끼려 버스를 탔다. 그때도 아이는 앞장서서 도로를 건너고 작은 봉지 하나라도 들어주려고 했다.

딸은 그때부터 장사에 눈을 떴다. 내가 낮잠을 자는 동안 손님이 왔다가 그냥 나가면 아기 변기에 앉았던 아이가 벌떡 일어나 따라가서는 손님을 끌고 왔다.

"요게 우리 집에서 젤 잘 팔리는 람바다 치마다요. 엄마가 읍써 못 판다 했는데…."

장대로 걸려 있는 옷을 가리키며 혀 짧은 소리로 설명해서 옷을 팔았다.

한 번은 속옷 가게 여자가 와서는 새 팬티 한 장을 던져준 적도 있었다.

"와, 이 집 딸 같은 손님만 오면 장사 못해 먹겠어."

몇 달 전에 천 원짜리 한 장을 가지고 와서 엄마 생일 선물을 사겠다고 하더란다. 기특한 마음에 2천 원 하는 팬티를 포장해 주었는데, 솔기가 뜯어졌다며 반품을 해주던지 교환을 해달라고 했다는 것이었다. 우리 엄마도 손님이 해달라면 해준다고 떼를 써서 새 것으로 가져왔다고 했다.

그 일로 딸은 동네에서 유명한 아이가 되었다. 옆집 문방구 여자는 일찌감치 딸을 며느리 감으로 점찍었는데, 딸이 신발을 신을 때마다 자기 아들을 불러대면 얼른 가서 신겨 주라고 시켰다. 목욕탕 앞에서 흙장난을 하면 때밀이 아주머니가 안고 가서 씻겨 보내곤 했다. 나는 끼니를 건너뛰어도 딸은 어디서든 먹여서 굶는 적이 없었다.

돌아보면 저절로 웃음이 날 만큼 밝은 날들이었다. 갓 서른인 나는 젊고 건강했고, 딸도 골목 사랑을 독차지하고 살았다.

일찍 경제관념에 눈을 뜬 딸은 어려서부터 금전출납부를 썼다. 중학생 때는 키우던 강아지가 집 밖으로 나가 차에 치어 죽자 매일 300원씩 저금을 했다. 상관관계가 전혀 없어 보이지만,

지켜주지 못해 미안한 마음과 잊지 않겠다는 뜻을 하루 한 번 저금통에 동전을 넣으면서 새긴다고 했다.

안 쓰고 모으는 것이 습관이 되어서인지 같이 마트를 가면 내가 장보는 것도 참견을 했다. 이것저것 집적대다 딸에게 끌려나오고, 사준다고 사정을 해도 재기만 하다 오고, 딸 없을 때 또 장을 보러 가야하니 티격태격하기 일쑤였다.

경제적으로 충돌하기만 하는 것이 아니었다. 딸이 중학교에 입학할 무렵 전원주택으로 이사를 했는데, 그 일로 우리 사이는 금이 갔다.

버스가 들어오지 않는 동네라 부모 차로 등하교 하는 것도 힘들고, 친구를 만나 놀 수도 없으니 외톨이가 되었다고 했다. 새벽에 학교 갔다가 캄캄한 밤에나 집에 오니 꽃이 피는지 지는지 본 일도 없고, 한밤중 짖는 개 소리에 잠을 설치니 수험생에게 전원생활의 여유가 가당키나 하냐는 것이었다.

엄마가 찬양해마지 않는 자연은 엄마 이기심의 결정체라는 것이었다. 너희들의 정서 함양 운운할 수가 없었다. 내가 자처한 일이라 함구할 수밖에. 더구나 예의 경제 가치를 따져서 아파트 시세와 시골 땅 값을 비교하면, 나는 그저 아이들 교육은 안중에 없이 자신의 낭만만 추구한 이기주의자가 되고 마는 것이었다.

경제적, 정서적 가치관뿐 아니라 취향도 딴판이라, 단정하고 깔끔한 옷을 선호하는 딸의 눈엔 예술적 취향을 살린 집시풍의 내

옷차림이 마음에 들 리가 없었다. 나는 딸하고 외출할 땐 모자도 못 쓰고 벨트도 못 하니 영락없는 아줌마 스타일로 나서야 하는 게 불만인데, 그것도 완전 아줌마 변신은 엄마답지 못하다고 지적받으니, 그런 시어머니가 없었다.

드디어 내게도 쥐구멍에 빛 들 날이 왔다. 딸이 대학에 입학하면서 서울 외가로 갔다. 주말에만 무수리 노릇하면 주중엔 왕비로 살 수 있으니 그게 어딘가. 맘껏 자연을 누리면서 폼 나게 작가 생활해야지….

그러나 구속 없는 자유는 행복하지 않았다. 첫눈 오는 밤에 팔짱 끼고 가로등 아래까지 몇 발자국 같이 걸어줄 사람이 없는 게 그렇게 허전할 수가 없었다.

어느 날, 나도 모르게 딸에게 자장가 삼아 불러주던 '섬집 아이'를 부르고 있었다. 아이는 곤히 잠들어 있어도 채우지 못한 굴 바구니 머리에 이고 달려오는 엄마의 모습이 20년 전의 내 모습이었다. 섬집 아이처럼 혼자 자던 얼굴, 북새통 시장바닥에서 어른들 사이를 헤집고 따라오던 모습, 8차선 도로를 종종걸음으로 뛰어서 건너던 어린 보폭이 눈에 선했다.

딸이 죽은 강아지를 생각하며 300원씩 저금하던 것처럼 '섬집 아이'는 딸을 생각하는 나의 300원이었다.

주말에 딸이 와서 같이 장을 보러 갔다. 유순해진 나는 표 나지 않게 딸이 하자는 대로 따를 생각이었다. 우리가 충돌하지 않는 방법을 깨달았으니까.

웬일로 딸이 내가 거래하는 농협에 가자고 했다. 주말에 입출금 하거나 타 은행에서 거래하면 아까운 수수료를 날린다고 주의를 주던 딸이, 급한 일이 있어 어쩔 수 없는 모양이라고 여기며 따라갔다.

딸이 현금을 찾더니, 그 자리에서 엄마 통장에 넣으라고 했다. 300원씩 매일 모으려면 3,333일, 9년 넘게 모아야 할 액수였다. 봄에 출판비 지원을 받기로 해놓고도 자신이 없어 포기하려는 마음을 어떻게 읽었는지 내게 힘을 보태주려는 것이었다. 게으름 피우나 감시하겠다는 말도 잊지 않았다. 10년 분할 사랑을 일시불로 건네는 자리였다.

나는 엄마 말 잘 듣는 착한 아이 되라고 했던 말 대신 딸 말 잘 듣는 착한 엄마가 되기로 결심했더니 내 마음이 하늘에 통했구나, 감격해서 받았다. 건네는 딸의 손에 힘이 들어간 것 같았지만, 얼른 내 통장에 입금을 했다.

"앗, 잠깐! 인증 샷 찍어야지."

딸이 소리치는 사이 기계가 닫히고 차르륵 돈 들어가는 소리만 들렸다.

그날마저 나는 딸 마음에 들지 못하고 말았다.

그것과 산다

"그만 방정 좀 떨지. TV를 볼 수가 없잖아." 하면 조용해진다.

"나갔다 올 동안 집 잘 봐." 하면서도 집을 지킬 거라곤 생각하지 않는다. 버릇처럼 하는 말이다. 이 집에서 동거하는 존재에게 하는 말이긴 하지만 대답은 들어본 적이 없다. 모습조차 본 적이 없다. 그러나 결단코 보고 싶지 않다. 서로에게 못할 짓이다.

그것이 주로 차지하고 있는 공간에 들어가려면 미리 기척을 한다. 노크를 하고도 문고리를 몇 번 흔들어 그것이 피할 수 있는 시간을 주고서야 들어선다. 무심코 들어섰다가 눈동자가 마주쳐서 혼비백산한 기억을 되살리고 싶지 않다.

그것과의 동거가 몇 년이지만 사이가 좁혀질 것 같진 않다. 꼽아보니 거의 우리와 동시에 입주한 것 같다.

아들이 초등학교 다닐 때도 그것은 신경을 거슬리게 했다. 천장에서 또로록또로록 달리는 것 같기도 하고 우직우직 씹는 소리를 내기도 했다. 아들이 "조용히 해!" 해도 여전하고 "비콰이어트!" 해봐도 듣지 않자, "침묵!" 했더니 그제야 잠잠해지는 것이었다.

아들이 "엄마, 쟤 중국산인가봐" 해서 웃었던 게 생생한데 지금 아들은 군대에서 훈련을 받고 있다. 그런 세월이 흘렀으니 10년 이상 같이 사는 것이다.

몇 번이고 그것을 잡아보려고 했다. 어떤 이가 약국에서 과자처럼 생긴 쥐약을 사다놓으라고 했다. 약국 주인도, 권한 사람도 맛있어서 잘 먹을 거라고 하는데, 조금 의아했다. 자기들이 먹어보기라도 한 것처럼 맛있다고 추천하니 말이다. 하긴 수없이 많은 실험용 쥐를 희생시키고 연구한 끝에 쥐 입맛에 딱 맞는 과자 형 쥐약이 나왔을 테지. 그런데 마치 사람 입맛에도 맞는 것처럼 들리지 않는가.

초콜릿 맛일지 바닐라 맛일지는 모르지만, 그것을 사놓고도 한동안 서랍에 넣은 채 쓸 생각을 못했다. 만일 약을 먹고 천장에서 죽으면 썩을 것이 염려되었다. 처음에 권한 이가 들고나는 통로가 있는 모양인데 새벽에 나갈 때 먹고 나가서 죽게 놓으란다. 그러나 출퇴근하는 인간처럼 정해진 시간이 있는 것도 아니고, 새벽 잠 많은 내가 큰마음 먹고 일찍 일어나 놓는다 해도 그것이 먹고 배불러서 먹을 것을 구하러 나가지 않으면 천장에서 죽을 게 아닌가.

결국 몇 달이 지나서 친분 있는 약사에게 말해서 쥐찐득이로 바꿔 왔다.

사실은 그 과자가 서랍에 있다는 것이 자꾸 신경을 자극했다. 하루는 천장의 그것보다 내가 먹을지 모른다는 생각이 불현듯 들었다. 집밖출입은 고사하고 안방에도 가지 않고 거실과 붙은 방에서 하루를 보낼 만큼 붙박이인 내가 때때로 통제할 수 없이 감정기복이 심한 것이 문제였다. 어느 날 맥주 한 잔 하다가 안주 삼아 맛있다는 과자를 먹어버릴 수도 있을 것 같았다. 한 번 스친 생각인데 자꾸 서랍 속에 있는 것이 '맛있는 과자'로 의식되기 시작해서 바꿔온 것이었다.

쥐찐득이는 오래전에 써본 경험이 있다. 설명할 것도 없이 강력접착제에 먹이를 올려놓아 유인하는 것이다. 산 채로 잡고 보니 볼 수가 없어서 남편이 묻어준 적이 있다. 이번에 바꿔온 것도 남편이 있는 날 놓아야 하니 주말밖에 없는데, 일주일에 한 번 오는 거사 일엔 다른 일로 바빠서 자꾸 미루게 되었다.

그러는 사이 아들이 군대에 갔다. 군대 가기 전 여느 아들들이 그렇듯 하도 밖으로만 돌아서 빨리 가기만 바랐다. 마음먹고 장만한 음식은 송별회 하느라 먹을 새가 없지, 운동이라도 하라고 하면 어차피 군대 가면 할 거라면서 말 안 듣지, 그래서 가면 속 시원할 줄 알았다. 가서 엄마 밥 실컷 그리워해보라고 몰래 눈 흘기다 들키기도 했다. 나라에서 월급까지 줘가며 체력단련에 정신교육까지 시켜줄 테니 부모 노릇 대신해주어 고맙지 않느냐고 큰소리치기도 했다.

그런데 아들이 군대에 가자 복병처럼 숨어 있던 공허가 덮쳐왔다.

딸이 대학교에 들어가면서 서울로 갔기 때문에 그때의 허전함 정도려니 했다. 주말마다 오던 딸이 3학년 때 호주에 가서 몇 달을 보지 못했어도 이 메일을 주고받으며 지냈기 때문에 괜찮았다. 그러나 딸의 빈자리를 견뎠던 것은 아들이 있었기 때문이었다. 아들이 더 대단해서가 아니라 고등학생 뒷바라지에 바빠서였다.

챙길 아이들이 없자 한가해진 것이 아니라 순식간에 외로워졌다. 집이 너무 컸다. 너무 조용했다. 가족이 있어도 권태와 허무에 지쳐서 사람에겐 해당 없는 '맛있는 과자'에 손이 갈까 두려웠던 때와는 다른 공허였다. 오히려 그 감정이 사치였던 것처럼 주체할 수 없는 시간이었다. 책도 눈에 들어오지 않는데 운동 같은 건 생각도 할 수 없었다. 하루 종일 드라마를 연속으로 보거나, 깨는 시간보다 자는 시간이 더 길거나.

아이들조차 엄마는 자기의 세계에 빠져 저희에게 소홀하다고 불만이었고, 나도 가족이라는 것이 어깨를 누르는 짐이고 발목을 잡아 자유롭지 못하다고 불평했는데, 한없이 주어진 자유가 짐이고 속박이었다.

아이들만 아이었던 게 아니었다. 나도 어른이 되지 못했던 것이었다. 죽고 싶을 때도 몰랐던 고독이라는 단어가 떠올랐다.

그런데 하루는 아들 방에서 자박자박 발소리가 났다.

"준하니?"

"……."

잠시 후에 알았다. 오랫동안 동거해온 그것이 내 마음을 읽기라도 한 것처럼 아들 발소리를 내고 있다는 것을.

순간 자리에서 일어나 쥐찐득이를 들었다. 아직 청소차가 오기 전이었다. 현관문을 열자 어느새 봄이 왔는지 햇빛이 폭포처럼 쏟아 들었다.

아들 사러 가는 길

아들아.

성인이 되고 처음 맞은 너의 생일을 축하해주러 면회를 간 날이었다. 세 번째 가는 길이라 절차도 익숙해져 보무도 당당하게 위병소 앞에 섰구나.

면회 신청을 하면서 지갑을 열어 척 내민 게 뭔지 아니? 근무하는 병사가 도로 내민 것은 은행카드였단다.

"주민등록증 주셔야죠."

어머나, 얼른 바꿔 내면서 순간 웃음이 나왔다. 아마 그 병사도 웃고 싶었지만 참았겠지. 현금 아니라 마이너스 서비스까지 동원해 결제한다고 해도 너는 내줄 수가 없다는 거지. 너를 살 수 있는 것은 네 엄마임을 증명할 수 있는 신분증뿐이라는 사실에 뿌듯했다.

군대가 어떤 곳이냐. 엄마와 아빠가 힘을 합쳐 만든 작품, 공들여 가꾸고 키워 겨우 성인을 만들어 놓으니, 손 안 대고 코 풀듯 입영통지서 하나로 데려가는 곳 아니더냐. 알몸뚱이로 세상에 나온 너를 먹이고 입혀 20년 키웠는데, 나라에서도 똑같이 널 알몸뚱이로 데려가더구나. 입대 후 신발과 옷이 오자 실감했단다. '빤쓰' 하나, 양말 한 짝조차 사제 것은 용납되지 않는 벌거숭이 너를 나라에서 먹이고 입히고, 2년 가까이 조련하여 '진짜 사나이'를 만들어주겠다는 것이다.

누나를 키울 땐 몰랐던 대한민국 국민이라면 당연히 치러야 할 '격리기간'을 아들 둔 덕에 알게 된 것이다. 결론부터 말하면 나는 그 기간이 필요하다는 사람이다. 언제 그런 경험을 하겠니. 네 체중이 1Kg만 적었어도 공익으로 빠질 수 있다고 하지만 오히려 그 1kg을 고맙게 생각했단다.

아들아.

그래놓고도 네가 훈련소에 있는 내내 나는 제정신이 아니었단다. 체구가 작은 네가 훈련은 잘 이겨내는지, 우울감이나 자포자기에 빠져 있는 건 아닌지….

그나마 인터넷 편지를 보낼 수 있어서 다행이었다. 5주 동안 네게 밥상을 차리는 기분으로 편지를 썼다. 시시콜콜한 일상 이야기였지만, 쓰다 보니 너하고 그렇게 많은 이야기를 나눈 적이 없었다는 생각이 들더구나. 너 또한 물집 잡힌 발까지 그린 편지를 보내왔지. 아빠 생일 선물로 종이 개구리를 네 개 접어 보냈을 땐 감동했단다.

난 네게 대한민국의 모자 관계가 훈련병과 엄마 사이 같다면 세상엔 효자 없을 수 없고 모든 엄마는 신사임당일 거라는 말을 했지.

훈련을 마치고 만난 너는 낯설 만큼 달라져 있더구나. 5주라는 기간 동안 그렇게 달라질 수 있다는 것에 놀랐다.

네가 이병이 된 후 면회를 하러 가면서, 군 생활에 잘 적응하고 있는 모습을 보았을 땐 훈련병 때보다 더 성숙했더구나. 내가 아는 넌 자발적으로 무얼 하거나 남이 못 하는 걸 보다 못해 대신 하는 솔선수범 형 모범생은 아니었거든.

사격 만점이라고 자랑할 때의 너는 자신감이 넘쳐 보였다. 야간에도, 300M에서도 명중이라니, 엄마는 네가 게임 서든어택을 오죽 했으면 그 정도냐고 놀리면서도 몰랐던 너를 본 것 같았지. 사격, 달리기, 윗몸일으키기, 팔굽혀펴기로 점수를 받으면 특급전사가 된다면서 의지를 보이는 것이 너의 참모습이라는 생각이 들었다.

이제 알겠구나. 네가 온전히 한 사람의 몫으로 섰다는 것을. 내가 알고 있던 너는 내 근심이 만든 그림자였다는 것을. 엄마는 너를 '신준하'라는 인격체로 보지 않고 '내 아들'이라는 소유물 정도로 생각했던 것 같구나.

초, 중, 고를 다니면서 교육권에서는 주목받을 일이 없었던 너를 생각해본다. 집에서도 학교와 마찬가지로 최고의 성적이 아니면 인격도 최고가 아니라고 지레 마음을 접었던 나를 돌아본다. '해라, 했니?'를 입에 달고 살았지, 네가 좋아하고 잘할 수 있는 일을 물어본 적도, 같이 찾아보려고 한 적도 없으니 감히 다정했던 사이라는 말을 할 수가 없구나.

오히려 다감하게 대한 것은 너였다.

엄마가 속상한 일이 생기면 얘기 들어주고 잠잘 때까지 옆에서 노래 불러주던 너. TV를 볼 때도 손깍지 끼고 같이 보던 너. 자는 널 깨워 "오늘 이 모자 쓸까 저 모자 쓸까" 하면 비몽사몽 중에도 "니트 입었으니 니트 모자가 어울려" 해주던 너, 엄마가 멋쟁인 줄 착각하게 만드는 너, 허리통증으로 일어나지 못할 때 조퇴하고 와서는 시중들어준다고 하던 너. 그때 라면 하나 끓여주고 올라가서 자는 바람에 불러도 못 들었지만, 엄마는 네가 이층에 있다는 생각만으로도 움직여지더구나.

재미난 말로 웃겨주고, 문자 한 통으로 염려해주는 따뜻하고 섬세한 아들이 너라는 것을 큰소리로 자랑하고 싶구나. 잘 생겨서 보고 있어도 보고 싶은 얼굴이라는 것도.

여자가 쉰이 넘으면 마지막 사랑을 시작하는데 그게 짝사랑이란다. 여자의 마지막 로망은 아들이라는 거지. 내 눈에 네가 그렇게 보일 때가 되니 엄마는 흰머리 부쩍 늘고 백내장이 생기고 임플란트를 할 때가 되고 말았구나.

아들아.

네가 일병이 되고 한 달쯤 되었을 때, 군대 페스티벌에 초대받아 다녀온 것도 일주일밖에 지나지 않았구나. 그날 비가 와서 체육대회가 취소된 것은 무척 아쉬운 일이었다. 네가 계주 선수로 뽑혔다고 했는데. 너의 계주 실력을 볼 거란 기대가, 네가 보여주고 싶은 마음만큼 컸는데 말이지. 엄마가 운동회에서 계주를 가장 좋아하는 거 아는지 모르겠다. 특히 마지막 주자가 앞서 뛰던 녀석을 추월해서 달리는 것을 볼 때는 심장이 터질 것처럼 흥분하곤 한단다.

너의 단단하고 아름다운 몸이 땅을 박차고 바람을 가르는 모습을 보지 못한 게 아쉬움을 넘어 애통하기까지 하구나.

그래도 페스티벌은 즐거웠다. 여전히 옆 자리에서 넌 엄마와 손깍지하고 공연을 보다 자다 하더구나. 하루건너 한 번씩 야간 보초를 서다보니 틈만 나면 잔다고 하던 너의 머리가 엄마의 어깨에 툭 떨어졌을 때 엄마 눈에는 눈물이 고였다. 무대 위에서 춤추고 노래하는 재주도 없는, 그저 평범한 일병인 내 아들이 옆에 있어서였다.

평범한 엄마는 잠시도 손을 놓지 않는 네가 좋다. 매우 똑똑하거나 재능이 많은 아들은 엄마 곁에 있을 시간이 많지 않을 것이다. 같이 머리 맞대고 자다가 퍼뜩 깨어 박수를 칠 때, 엄마 오른손과 네 왼손이 얽혀 있어서 박수도 제대로 치지 못하는 게 엄마는 좋다.

다음 달에도 엄마는 너를 사러 간다. 당당하게 주민등록증을 내놓을 것이다. 철통같은 곳에서 군말 없이 아들을 내줄 카드가 있다는 게 좋아서 엄마는 웃는다. 내가 부르지 못하면 나오지 못하는 너, 짝사랑이 기를 펼 수 있어서 또 웃는다.

별이 된 무지개

엄마는 이른 저녁을 먹인 후 우리 손을 잡고 언덕으로 올라갔다. 남의 집 문간방살이에 주인 집 아이하고 싸우는 남매가 눈치 보여 저녁마다 우리를 재촉했다. 그리곤 밤이 이슥할 때까지 옛날이야기를 들려주었는데, 새로울 것이 없어 지루해할 즈음이면 하늘을 가리켰다.

"이제 별이 똥 눌 시간이다."

별이 지나가다 급해서 하늘에서 똥을 누는데 그 똥이 또 별이 되기 때문에 '별똥별'이란다. 별똥별이 떨어지기 전에 소원을 말하면 이루어진다는 말에 칭얼거리던 우리는 별똥별을 찾으려고 눈을 반짝거렸다. 이야기 주머니가 빈 엄마도 더는 궁리할 것 없이 하늘만 바라보았다.

별은 부끄러운 듯 얼른 똥을 싸고 시치미를 뗐다. 내 소원을 말하려면 벌써 지나가버렸다.

하루는 엄마가 무지개를 찾아 나선 소년 이야기를 해주었다. 산 넘고 물 건너 풀섶을 헤치며 다 돌아다녀도 찾지 못하고 빈 손으로 돌아올 때 머리가 허옇게 센 노인이 되어버렸다는. 낡은 옷에 등이 굽은 노인이 떠올라 눈물이 났다. 바보, 차라리 별똥별이나 찾지. 저렇게 반짝거리는 것을 보면 보석이 분명할 텐데, 하나만 주워도 부자가 될 텐데….

생각은 내가 했는데, 나중에 별똥별을 찾아 나선 것은 동생이었다. 그는 산 넘고 물 건너야 하는 먼 길을, 걸어가지 않고 비행기 타고 아라온호 타고 가서 남극의 설원에서 별똥별을 찾아 자랑스럽게 돌아왔다. 제 주머니 속에 넣지는 못했지만 공을 인정받아 TV나 신문에 인터뷰 기사가 실리기도 했다.

동생도 엄마 따라 별똥별을 보았을 때는 몇 십 년 후 그것을 찾아 가리라는 생각은 못했을 것이다. 고등학교 때 사고로 아버지가 쓰러지셨을 때, 전신마비가 된 아버지가 눈동자에 힘을 실어 아들에게 소원을 말하기 전까지도.

아버지는 당신이 일어날 수 없다는 것을 아시고는 남은 가족의 생계를 책임져야 하는 것이 장남이라는 것, 가난의 고리를 끊을 수 있는 것은 명문대 진학뿐이라는 것을 아들에게 알리려 했고 동생은 그 뜻을 헤아렸다.

그러나 그보다 두 살 많은 나는 현실을 마주 볼 용기가 없었

별은 부끄러운 듯 얼굴 똥을 싸고 시치미를 뗐다. 내 소원을 말하려면 벌써 지나가 버렸다.

다. 내게 지워질 맏이의 부담도 컸다. 어느 날 학교 앞 술집에서 실신할 정도로 술을 마셨다. 어떻게 연락을 받았는지 고3인 동생이 찾아와 업혀 왔다. 그때부터 동생은 나와 눈을 마주치려 하지 않았다.

우리는 그전엔 그럴 수 없이 살가운 사이였는데. 내가 고등학교 때 문학 행사를 하면 제일 앞자리에 앉아 누나의 낭송을 들어 주었고, 잠들 때까지 머리맡에서 기타를 쳐주고 새 음반을 사면 한 음절마다 해석을 해주던 동생이었는데. 나는 휴학하라고 해서 술을 마셨던 사정을 동생에게 호소할 수 없었고 동생도 누이를 이해할 마음이 없었을 것이다.

각자 가정을 꾸리고 살면서 이전의 애틋한 정은 까맣게 잊혔다. 명절이나 엄마의 생신에 모인 자리에서 한 번씩 얼굴 보는 사이가 되고 말았다.

어쩌면 나는 서먹해진 이유를 어린 시절 들었던 별똥별과 무지개에 핑계를 두었는지 모른다. 그가 손에 들어오는 별을 찾는 동안, 나는 스러지고 말 무지개를 좇아 다니느라 허옇게 머리가 세고 있었다고. 그는 용이 되어 개천을 벗어났지만, 난 여전히 개천에서 벗어나지 못하고 있다고. 밥이 되지 못하는 글을 쓰고 있다는 열등감에 오랫동안 못나게 심술을 부리고 있었던 것이다.

그런데 동생이 언제부턴가 자주 누이를 찾기 시작했다. 나만 머리가 세고 있었던 것이 아닌 모양이다. 기를 쓰고 별똥별을 세던 내 옆에서 흙장난만 하던 그때처럼 슬그머니 옆에 와 등을 기댔다.

며칠 전 신문에서 동생의 사진을 보았다. 다른 나라 도움 없이 운석탐사 활동을 했는데 이번 운석이 지구 탄생 초기의 역사를 밝힌 실마리가 될 전망이란다. 52g짜리 운석이라니, 이번엔 제대로 별을 손에 넣은 것 같다.

그러나 내 눈엔 운석보다 그것을 바라보고 있는 동생의 눈동자가 더 크게 보였다. 그것을 찾기 위해 영하 수십 도의 설원을 헤맸을 그의 여위고 추웠을 등과 언 손이 보여 눈물이 핑 돌았다.

그러자 어룽거리던 눈물에 무지개가 뜨고 무지개는 긴 활을 구부려 동생이 들고 있는 별 속으로 들어가 사라졌다.

큰누나

강릉역을 출발한 기차는 몇 분 후 안인 갯목 마을을 지나간다.

철로와 길 하나를 두고 있는 마당에서 막냇동생이 탄 기차를 기다렸다. 승강구로 몸을 내민 동생이 보이면 아이들은 삼촌을 향해 손을 흔들었다.

"큰누나…."

"잘 가!"

소리가 들리기나 했을까. 기차가 순식간에 지나간 후에도 철로엔 미세한 진동이 남아 있었다. 철컥거리는 바퀴 소리가 남아 있는 것이 어디 철로뿐이었을까.

이럴 줄 알았으면 좀 더 잘해줄 걸, 왜 물색없이 돌아 다니냐고 퉁명이나 떨지 말 걸, 언제 가냐고 귀찮아하는 내색을 하지 말 걸… 바닷바람에 섞인 염분이 입 안에 고인 듯 짰다.

10여 년 전 강릉에 살 때 동생은 연락도 없이 불쑥 와서는 있고 싶은 대로 있다가 가고 싶을 때 가곤 했다.

어제도 그때처럼 동생이 불쑥 찾아왔다. 연락 없이 들이닥치는 것은 여전했지만, 그때는 백수였는데 결혼하여 아이까지 둔 동생이 혼자 온 게 이상했다. 횡성에서 일하고 올라오는 길이라며 오늘은 큰누나 집에서 자고 싶단다.

늦도록 같이 맥주를 마시면서도 나를 찾아온 이유를 말하지 않는다. 하긴 언제는 그런 말을 주고받은 적이 있었나. 동생은 강릉에서 며칠 묵는 동안 바닷가로 계곡으로 다니며 조카들 모습을 비디오에 담는 게 전부였다.

새벽에 동생이 자는 방을 들여다보니 팬티 바람으로 새우처럼 둥글게 말고 자고 있다. 흰 등을 쓸어보니 말라도 너무 말랐다. 열두 살 동안은 어디 가고 주름 깊은 얼굴의 중년 남자가 누워 있나. 들여다보니 그 얼굴은 동생의 것이 아니다. 28년 전 돌아가신 아버지의 얼굴이다.

아버지를 하관하고 흙을 밟을 때 달려들어 "왜 울 아빠 밟는 거야. 아빠 뼈 부러지면 어떡해! 엄마, 큰누나, 왜 안 말려!" 하면서 발버둥 치던 막냇동생은 그때 열두 살이었다. 이미 회생할 가망을 놓았던 아버지의 죽음보다 더 안타까웠던 것은 그 아이가 달구질하는 인부의 러닝셔츠를 잡아 뜯던 모습이었다.

그때 동생만큼 울지도 않았고, 도와주지도 못했던 큰누나는 스물을 지나는 나이였다. 열두 살에겐 어른으로 보였겠지만, 저 하나 감당하기도 버거웠던 것은 누나라고 다를 것이 없었다.

아버지라는 구심점을 잃자, 가족이라는 공통분모는 사라지고 각각의 분자들만 남아 우왕좌왕했다. 아버지가 계셨을 때는 사남매는 한 콩깍지에 나란히 앉아 있는 콩이었는데, 채 익기도 전에 세상에 던져진 콩들은 순서대로 세워졌다. 대학생, 고등학생, 중학생, 초등학생. 그중 유동성 있는 콩은 맏이인 나였다.

휴학을 하고 취직을 하라는 집안의 압력을 받았던 내 눈엔 동생들이 들어오지 않았다. 마치 억지로 입은 옷처럼 맏이라는 자리가 불편했고, 싫었을 뿐이다.

두 동생이 제 본분을 다하는 것은 공부밖에 없다는 것을 알고 착실하게 사는 동안, 막냇동생이 무슨 생각으로 크는지 눈여겨보지 않았다. 전문대에 입학을 했을 때는 제 형, 누나보다 공부에 뜻이 없는가 보다 했고, 휴학을 하고 재수를 할 때는 나도 결혼을 해서 나 살기에 바빴다. 대학을 졸업하고도 전공하고는 다른 길을 기웃거릴 때쯤 속이 터지기 시작했다. 아무리 막내라지만 제 앞가림 정도는 해야지, 방송 쪽의 일을 하겠다고 백수로 하 세월이니…. 결혼한 누나를 자주 찾아오는 동생에게 타박하기 시작한 게 겨우 보인 관심이었다.

겉멋으로 메고 다닌다고 생각했던 비디오가 동생의 꿈이었다는 것을 안 것도 한참 후였다. 방송국 카메라 감독으로 일하게 된 후,

그만하면 자리를 잡았다 싶었는데, 그것도 그만 두는 게 아닌가. 방송 차를 인수해서 프리랜서로 일을 하겠다는 것이었다.

처음부터 모르쇠였던 내 눈엔 몇 년 새 부쩍 마르고 머리가 벗겨지기 시작하는 동생의 얼굴이 이제야 보인다.

"큰누나, 내가 호텔전문대 갔을 때 한심하다고 생각했지? 그 때 경쟁률이 16대 1이었어. 취업도 보장되었고. 근데 내가 왜 그만 두었는지 알아? 호텔이 비즈니스에도 중요한 역할을 하지만, 난 서비스하는 일에 내 인생을 묶고 싶지 않았어. 카메라는 사람을 찍는 일이니까, 따뜻하고 행복한 것을 사람들에게 전하는 일이니까 그래서 난 이 일이 좋아."

동생은 낡은 기기로 따라잡기 힘들었을 보폭을 에둘러 말한다. 그 얼굴을 얼마 만에 가까이서 보는지 모르겠다. 아버지의 봉분을 온몸으로 감싸며 뒹굴었던 그 아이가 이제 아버지가 되어 안고 가는 자리를, 세월을.

동생이 "제발 브라운관 먼지 좀 닦고 봐라, 큰누나." 하며 닦아주고 간 TV 앞에 앉는다. 화면에 얼굴이 비친다. 동생이 어느새 중년이 되었다고 놀랐는데, 그보다 훨씬 나이든 여자가 마주 보고 있다.

큰누나. 네가 없었음 들을 수 없는 호칭이구나. 너는 누구에게나 막내지만 네 덕분에 누나가 큰누나 소릴 듣는구나.

문을 열어 놓고 있는 큰누나. 키가 제일 작아도 큰누나.

나의 '집으로'

- 열두 살 겨울

"할머니는 미쳤어. 은하 년, 죽여 버릴 거야."

방금 전 맞은 뺨이 얼얼한데 그것도 모자라 부지깽이에 쫓겨 도망을 가야 하다니. 뒤를 돌아보며 악을 써도 분이 풀리지 않는다. 은하 년은 히히 웃으며 주걱을 흔들고 있고, 할머니는 그런 은하 년에게 조청을 떠준다. 어떻게 이럴 수가. 미친년이 핥아먹은 주걱으로 솥을 저으면 더러워서 어떡하려고. 그거 먹고 다 미치면 어떡하려고.

나는 아직 입도 대지 못하고 엿이 고아지기만 기다리고 있는데 은하가 와서 손 쓸 새 없이 주걱을 낚아채더니 핥아먹기 시작한다. 주걱을 빼앗고 은하의 머리채를 잡은 나를 본 할머니가 나무라는 것이다. 은하를 마당에 내동댕이쳐 실컷 두드려 패도 시원찮을 텐데 할머니의 손이 먼저 내 뺨에 철썩 소리를 낸다.

꽃보다 사람 꽃이 더 예쁘고, 사람 꽃 중에 우리 손녀가 젤이라고 쓰다듬던 손이 아닌가. 그런데 불쌍한 애를 때렸다고 나를 내쫓은 것이다.

지난 여름방학 때 저 계집애가 느티나무 위에 올라가 오줌을 싸는 바람에 밑에서 장기를 두던 외할아버지가 맞은 적이 있다. 그때도 내가 얼마나 걱정했는데. 은하처럼 갑자기 쓰러져 입에서 거품 무는 병 옮을까봐. 은하를 쫓아내지 않고 나를 야단친 건 할머니가 미친 거야. 내가 은하로 보였던 거지.

- 서른여섯 살 늦여름

외할머니가 입원한 병실에 들어오지 못하게 한다. 암에 폐결핵까지 겹쳤다고 옮을까봐 그냥 돌아가란다. 부득불 문을 열고 들어가자 얼른 등을 돌리고 입을 가린다.

그런데 옆 침대의 환자가 이상하다. 침대에서 내려와 구석으로 가더니 그대로 옷을 내리고 오줌을 누는 것이다. 할머니는 놀라는 나에게 간질에 결핵을 앓는데 보호자가 오는 걸 못 보았다고 하면서 바닥을 닦고 나가라고 한다.

나는 병원 측에 이야기를 해서 병실을 옮기는 게 우선이라고 말한다. 할머니는 더 들을 것도 없다는 듯이 내 등을 떠밀어 내보내고 손수 걸레질을 한다.

"나도 싫다고 하면 저 불쌍한 것을 어떻게 해."

순간 묻었던 기억이 떠오른다. 옛날 일이 그대로 복사된 것 같다. 그때 내게 맞은 은하는 이듬해 봄, 죽었다고 들었다. 은하네는 곧 이사를 갔고, 일곱 살 여자애의 죽음은 그대로 잊었는데.

지금 할머니가 침대에 눕히는 이 여자가 그 은하인가. 나는 또 은하 때문에 할머니에게 떠밀려 나오는 건가.

돌아가시기 며칠 전의 일이다. 얼마 후 부고를 받고 달려갔을 때, 친정어머니는 할머니가 돌아가시기 전까지 걱정한 것은 한 가지였다고 한다.

나는 어차피 갈 길 가는 건데, 너희들 쓸데없이 많이 울면 기운 빠져 안 된다. 울지 마라. 나를 위해서라면 울지 마.

- 마흔여섯 살 봄

할머니, 그래서 그때 다 못 울고 삼킨 눈물이 고여서 할머니 집이 되었어.

할머니, 그때 할머니에게 처음 맞은 뺨이 아직도 화끈거려. 그게 할머니 집이 되었어.

집 찾기가 얼마나 오래 걸렸는지 몰라. 길을 몰라서 몇 십 년 헤맸지. 할머니를 기억하려 애쓰지 않아도 할머니가 짓고 간 집이 바로 내 안에 있다는 것을 알기까지 참 오래 걸렸네.

사립문 열면 왼쪽에 장독대, 참나리꽃 붉고 물주면 자란다고 믿던 수정 돌 그 자리에 있고, 마당에 들어서면 빨랫줄에 구멍 숭숭 뚫린 할머니 난닝구 펄럭거리고, 겨울이면 여전히 사랑채 아궁이에서 끓이는 엿 고는 냄새. 어린 은하에게 조청 떠주는 할머니 앞에 눈길 사박사박 밟고 다가가 서면, 할머니 고개 들어 웃고.

은하에게 멋쩍게 손 내미는 나를 보고, "우리 새끼. 사람 꽃 중에 제일인 거."

나, 찾아가요.

집, 으, 로.

낙타 유정(有情)

버스가 도착했다.

버스에서 낙타가 내린다. 작은 몸집의, 등에 커다란 혹을 단 낙타.

낙타의 혹은 너무 무거워서 두 손으로 받아들기도 벅차다.

승용차에 올라타자 낙타의 혹에서 냄새가 풍겨 나온다. 새우젓, 청국장, 마늘 냄새….

마을버스를 타고 지하철을 갈아타고 좌석 버스를 타고 오는 동안, 눈총도 따갑게 받았을 텐데 보나마나 모른 척 무시하고 앉아 있었을 테지. 무릎도 안 좋은데 지하철 계단은 얼마나 까마득하게 보였을까.

낙타는 남루한 자신의 행색은 아랑곳없다는 듯, 바로 시장으로 가자고 한다. 동치미, 총각김치를 담가야 한다는 것이다. 늘

이렇다. 멀리 떨어져 있어도 낙타의 눈은 우리 집 냉장고 속을 환히 들여다보고 있다.

몇 년 동안 지방에 떨어져 살았을 때도 나보다 먼저 김치가 떨어질 때를 가늠했다. 이젠 와서 쉬기만 하라고 해도 "손 놓고 쉴 때쯤 되면 너희 집 안 와." 단호하게 말하는 낙타.

큼직한 배낭을 혹처럼 등에 달고 다니는 낙타 같은 우리 엄마.

"김치 냉장고가 있으니까 김장 전까지 먹을 만큼 담그려면 넉넉히 사야 할 거야."

엄마의 목소리는 피곤한 기색도 없다.

냉장고는 나보다 엄마를 더 마음 쓰게 한 물건이었다.

결혼할 때 시댁으로 들어가면서 냉장고를 사지 않았는데, 분가를 하게 되자 급한 대로 작은 냉장고를 산 것이 엄마의 마음엔 늘 걸렸던 모양이었다. 일주일이 멀다고 반찬을 해다 나르면서 새로 채우느라 먼저 것을 버릴 때마다, 수박 한 덩어리 넣을 수 없는 170L 냉장고를 딸과 동격처럼 생각했다. 360L 중고 냉장고로 바꿨을 때도 마찬가지였다.

내 집 장만을 했을 때, 엄마의 가방에서 나온 것은 최신형 양문개폐형 냉장고였다. 냉장고를 들여놓고 쓰다듬으며 좋아하더니, 그것도 잠깐이었다. 마치 냉장고에 목숨이라도 건 사람처럼 얼마 지나지 않아 김치 냉장고를 들여놓는 것이었다. 김장 항아리를 마당에 묻으면 되니까 필요 없다고 해도 막무가내였다.

현금으로 주면 사지 않을까봐 나를 앞세워 가전제품 마트로 가면서, 가방을 가슴에 꼭 끌어안고 따라오는 엄마를 보면서 한숨이 나왔다. 고맙기보다는 짜증이 나기까지 했다. 딸의 살림살이에 지나치게 신경 쓰는 엄마에게 매여 아직도 독립하지 못한 느낌이 떫어서 김치 냉장고도 엄마가 고르는 대로 멀찍이 서서 보기만 했다.

싱크대 옆 빈 공간에 맞추기라도 한 듯 자리 잡은 김치 냉장고를 흐뭇하게 바라보는 엄마에게 "엄만 냉장고에 강박관념 있수?" 하고 말하려는데, 문득 왜소한 엄마의 등이 눈에 들어왔다. 엄마가 가방에서 꺼낸 것이 냉장고가 아니었구나. '남부러울 정도'는 아니라도 '남만 못한 것'을 보고 싶지 않았던 마음, 엄마의 가방에서 나온 것은 그 마음이었구나.

버스가 도착했다.

버스에서 엄마가 내린다. 늘 지고 다니던 배낭이 아닌 핸드백을 든 엄마가 걸어온다. 우리 집에 오면서 처음으로 핸드백을 들고 온 게 나도 낯선데, 엄마도 어색한지 "얘, 가벼운 백을 들었더니 자꾸 뒤로 넘어지는 것 같아" 한다.

추석이 지나고 나서야 아버지 성묘를 가기로 한 날이다. 한껏 차려 입은 맵시가 일흔이라고 믿어지지 않는다. 엄마도 차려 입으면 저리 고운 것을.

마흔다섯에 사별하여 혼자 산 지 25년. 아버지 묘소에서 잡초를 뽑으며, "나 이젠 할 만큼 했으니 아무 때나 불러 주구려." 혼잣말에 명치끝이 얼얼하다.

초등학교 입학 무렵에 어머니를 여읜 친구가 한 말이 떠오른다. 너는 나에게 없는 어머니를 40년이나 곁에 두고 있잖니.

곁에 있어도 소중한 줄 몰랐던 엄마는 수없이 꺼내기만 하는 동안 낡을 대로 낡은 가방이 되어 버렸다. 엄마의 등에 혹처럼 달려 있던 그 낡은 가방을 내려놓는 날이 와도 엄마는 여전히 낙타의 모습일 것을.

결코 내려놓을 수 없는 '자식'이라는 혹을 달고 돌아갈,

낙타의 먼 길.

감 옥

한 남자의 감옥에 관한 이야기를 하고 싶었다.

내가 마흔아홉 살이 되었을 때, 일 년 내내 나를 사로잡았던 것은 그 남자의 감옥을 쓰는 일이었다. 그것을 쓰지 못한다면 더 이상 글이 나갈 것 같지 않았다. 그러나 써야 한다는 생각이 아무리 머릿속에 꽉 차 있고, 가슴을 짓눌러도 결국 쓰지 못하고 말았다. 짐작대로 그 후론 글이 써지질 않았다.

마흔아홉이라는 숫자가 끝나는 날, 무거운 주제에서 벗어날 수 있다고 생각했다. 숙제를 마치지 못했어도 학년이 바뀌면 그 숙제는 하지 않아도 되는 거니까.

그런데, 오늘 나는 벼랑 끝까지 몰린 이유가 그 이야기를 외면했기 때문임을 안다.

약속한 날에 책이 나오려면 바로 출판사에 원고를 넘겨도 교정 볼 시간이 빠듯한데, 아직까지도 몇 번이고 고쳤던 원고를 또 뒤적이며 퇴고를 거듭하고 있는 것이 결국 쓰지 못한 이야기가 남았기 때문이라는 것을.

그 남자는 얼마나 큰 죄를 지었기에 감옥에 갇혀야 했을까, 그 실타래를 풀어야 했다.

어렸을 때 도덕 시간에 배운 대로라면 감옥은 죄 지은 사람이 벌 받아 가는 곳이고, 착한 사람은 복을 받아야 마땅했다. 내 생각에 그는 중벌을 받을만한 죄명이 없었다.

나와 상관없는 사람이라면 무심히 지나쳤을 만큼 어디서나 볼 수 있는 평범한 사내. 배운 것 없이 서울에 입성하여 밑바닥에서 일어난 그 시대의 사내들이 그렇듯 자식에게 희망을 걸고, 기대에 맞춰주는 자식이 있으면 더욱 발에 땀나도록 뛰는 사람이었다. 아내 몰래 적금 부어 목돈을 쥐어주고 밥상에 고기반찬 올라오면 뿌듯하게 생각하는 사람, 아이들이 몇 학년인지 잊을 때도 있지만, 어쩌다 한 잔 하고 오는 날엔 자는 아이들을 깨워 그동안의 무심함을 보상하고 싶어 했던 사람이었다. 그는 자신의 입에 맛난 것을 들이려하지 않았고 자신의 몸에 좋은 옷을 입힌 적이 없었다. 하루 중 가장 긴 시간을 작업화와 작업복으로 지냈지만, 집에 올 때는 구두와 양복으로 차리고 돌아와, 자식들에게 아비의 남루를 보이지 않으려 했다.

그의 인생은 50대를 향해 가면서 안정궤도를 찾은 것처럼 보였다. 허리띠의 구멍이 늘어나는 것으로 살만해졌다고 표현하는 안정권에 들어서는 듯했다. 맏딸은 이제 성년이 되었고, 큰아들은 공부를 잘하니 명문대에 갈 것이며, 온갖 응석을 다 받아주며 키운 둘째 딸이 사춘기가 되어 가까이 오지 않는 것도 귀여워 보였을 것이다. 초등학생 막내아들 크는 모습도 뿌듯했을 것이다. 다만 걸린다면 부쩍 잔병치레하는 아내가 늙는 것 같이 보여 자신이 늙는다는 생각은 할 새 없이 염려스러웠을 것이다.

그에겐 그동안 혼자 짐졌던 무게를 나눠 질 자식들이 크고 있다는 것으로도 안심이 되었을 것이다.

그것이 내가 아는 그의 모습이었다. 그런데 어느 날, 갑자기 그는 잡혀갔다. 영문도 모른 채. 아무도 설명할 수 없는 채로. 잡아간 누가 있는 것도 아닌데.

아침엔 멀쩡히 집을 나선 사람이 저녁엔 응급실에 누워 있었다. 몇 달 째 집 짓는 공사에 책임을 맡아 했는데, 그 집을 다 지어갈 무렵 장마가 시작되었다. 지붕이 샌다고 저녁에 지붕에 올라간 게 사단이었다. 추락한 것이었다. 병원에 실려 갔을 때만 해도 겉모습은 다친 데 없어 보였고 말도 했다. 그러나 전신마비였다. 며칠 후 가래제거를 위해 목에 구멍을 뚫어 목소리마저 잃고 말았다. 움직이는 것이라곤 눈동자밖에 없었다.

그의 감옥은 자신의 육신이었다. 모든 것을 보고 들을 수 있는데, 움직일 수 없고 말할 수 없다면 그게 감옥이 아니고 무엇이겠는가.

그러나 육신이 감옥이 되어 갇히게 된, 상상도 못했던 상황보다도 더 견디기 힘들게 한 것은 그 후 8개월 동안 계속된 수형생활이 아니었을까. 그는 여전히 살아있고 생각할 수 있는데, 그래서 자기가 처한 현실을 받아들이기도 어려웠을 텐데, 곁에 있는 사람들은 그가 회생할 수 없다는 것을 먼저 받아들였다.

움직이고 말할 수 있는 사람들은 대답할 수 없는 그에게 자기들이 하고 싶은 말만 했다. 형제는 울며불며 불쌍하다고 했고, 아내는 시간이 흐를수록 생활고를 이야기했고, 자식들은 자주 오지 않았다. 어쩌면 어린아이라고 면회가 통제되자 비상계단으로 몰래 들어와 아버지 손을 잡아주던 막내아들을 보는 것도 고통이었으리라.

그는 말하고 싶었으리라. 그만 하라고. 나보다 더 힘들진 않을 거라고.

아니다. 그는 가족을 위로하고 싶었을 것이다. 괜찮다고. 걱정 말라고. 곧 털고 일어날 거라고. 그는 눈만 마주치면 눈동자에 힘주어 말하고 싶어 했다. 나는 절망하지 않는다고.

그런 희망을 무참하게 밟아버린 것은 그의 딸이었다. 만약 무슨 일이 생긴다면 제 엄마를 도와서 살 궁리를 할 거라고 믿었던 아이였다. 그런 아이가 아버지의 병실에 오면 전화기부터 붙잡고 시외전화를 오래 했다. 집에 전화가 없으면 우체국에 가야 하거나 D·D·D라는 몇 개 안되는 공중전화를 찾아야 하는 때였다. 딸은 말하지 못하는 아버지를 없는 사람 취급하면서, 친구에게 제주도에 함께 놀러가지 못하게 된 것을 속상해하거나 한참을 웃고 떠든 후에 아버지와 눈을 맞추려 하지 않고 병실을 빠져 나가곤 했다.

듣고 있는 아버지에게 할 수 없는 불손이었다. 그는 그것을 보고 있어야만 했다. 노엽고 섭섭했을 것이다. 야단칠 수 없는 것보다 무시당했다는 괴로움이 형벌처럼 느껴졌을 것이다.

그는 육신의 감옥에 갇혀 수형생활을 하는 동안 무슨 생각을 했을까. 무슨 죄로 이런 벌을 받아야 하는지 곱씹지 않았을까. 하고 싶었던 것, 참았던 것들이 떠올라 더 억울하진 않았을까.

“다 벗어버리고 산으로 가고 싶다.”

그가 혼잣말처럼 했던 말이다. 그 산이 몇 날 며칠 쉬고 싶은 곳이든, 속세의 인연을 끊고 수도하고 싶은 곳이든, 분명한 것은 그에게 산이라는 말은 처음으로 자신을 칭하는 말이었다.

만일 내가 그와 상관없는 사람이라면, 그리고 내가 그라면 나는 그가 지은 죄는 오직 자신의 뜻대로 살아보지 못한 것이라고 말할 것 같다. 한 번도 자신의 몫으로 생각하지 못하고 남편이라는, 아비라는 이름으로만 살았던 죄. 자기를 돌보지 않았던 죄라고. 가고 싶다고 했을 때 산으로 가지 못한 죄가 컸던 거라고.

그러나 그럴 수도 없는 것이 그에겐 삶이, 가족이 이미 산이 되어 그를 짓눌렀기에 그가 들어갈 산은 어디에도 없었다는 것을 이젠 안다는 것이다. 나를 아프게 하는 것은, 거기까지 왔음에도 그의 눈빛은 들어가지 못한 산을 더듬는 게 아니라 끝까지 책임지지 못한 가족에 대한 염려로 젖어 있었다는 것이었다.

그는 끝까지 살고 싶어 했다. 다들 믿지 않는 회생을 기다리면서. 그조차 희망할 수 없는 순간을 받아들였을 때도 그는 그토록 원하던 아들의 합격 통지서를 눈으로 확인하고자 버텼다. 그가 아비의 책임을 포기했다면 아들의 졸업식 날까지 생의 끈을 잡고 있을 순 없었을 것이다. 그날, 그는 임종했다.

나는 그가 살아보지 못한 쉰이라는 나이를 시작하기 전에, 마흔아홉 살에 그의 감옥을 찾아가 야윈 얼굴, 마른 손을 쓰다듬고 만지고 싶었다. 그러나 아주 오래전에 피했던 눈을 마주할 자신이 없어서 시간을 놓치고 말았다. 그런 줄 알았다.

내가 마주할 자신이 없었던 것은 그의 눈이 아니었다. 그토록 절실하고 집요하게 부모라는 책임을 다한 그의 마음을 따를 자신이 없었던 것이었다. 결혼하고 부부의 연을 맺으니 저절로 열매 맺듯 생긴 자식들이라 생각하고 살았던 내 모습을 보이기가 부끄러웠던 것이었다.

겨우 발걸음 떼어 당신 앞에 서지만 눈을 들지 못한다. 당신이 가지 못한 산이 내 가슴 속에서 이렇게 크고 있을 줄 몰랐다. 그 산은 나도 들어갈 수가 없다. 크고 깊고 넓지만, 그래서 더 들어가지 못한다. 그냥 그 산이 부모로 사는 동안 더 커지는 것을 볼 수밖에 없다. 그래도 그 산의 무게가 지탱하기 힘들 만큼 무거울 땐 고개 들어 당신의 눈을 찾으리라.

아, 아버지. 아버지.

5

붉은 카네이션의 기억

만약 그때 카네이션을 사지 않았다면, 한 번 더 이승에서의 모습을 볼 수 있었을까. 꽃 한 송이를 사기에 부족했던 50원을 깎기 위해 사정을 하고 있었을 때 그분을 실은 앰뷸런스는 꽃가게 앞을 지나갔는지 모른다.

내가 달려갔을 땐 병실은 이미 비어 있었다. 마침 지나가던 의사를 붙잡고 물었다. 그런데 의사는 대답 대신 나를 세워놓고 야단을 쳤다. 의사 선생님이라 하지 않고 아저씨라고 했다는 이유 때문이었다. 대학병원은커녕 동네 병원에도 가 본 적이 없어서 의사를 아저씨라고 불렀던 중2 여학생은, 소중한 시간을 그렇게 빼앗기고 말았다.

꽃을 사느라, 의사에게 혼나느라 시간을 지체하고 헛걸음으로 돌아오는 길, 사실 발걸음은 가벼웠다. 퇴원했다는 말이 임종이 가까워 집으로 모셨다는 뜻이라는 걸 티끌만큼도 몰랐던 것이다. 퇴원을 회복이라는 등식으로 이해했으니 그 날만큼은 행복했던 것이다.

딱 그날만큼이었다. 하루 차이로 기쁨과 슬픔 사이에 큰 강이 길을 낼 줄은 몰랐다. 다음 날이면 햇볕에서 놀던 아이가 그늘에 들어가 갇혀 버릴 거라는 걸 몰랐던 하루 차이.

학교에 가면서 전날 산 카네이션을 가지고 갔다. 교탁 위에 올려놓을 생각이었다. 교실에 들어서니 분위기가 이상했다. 소리 내어 울던 아이, 엎드려 있던 아이들이 나를 보자 일순 행동을 멈추고 나만 바라봤다. 칠판에 쓰여 있는 커다란 글씨.

'故 정광남 선생님을 추모합니다.'

고(故)라니. 그 단어는 세상에 없는 사람을 뜻하는 게 아닌가. 어제 병원에서 퇴원했다는 것을 확인하고 온 나로서는 이해할 수 없었다.

내가 할 수 있는 일은 지우개로 칠판의 글씨를 박박 지우는 것뿐이었다. 아이들은 그조차도 구경거리인 양 내 움직임만 좇았다.

카네이션은 그날 오후 선생님 영정 앞에 놓였다. 아이들과 선생님 댁에 갔을 때, 누군가가 내 가방에서 구겨지다시피 한 꽃을 꺼내 사모님에게 드렸던 것 같다.

지독하게 붉었던 꽃. 그 자리엔 도무지 어울리지 않는 붉은 꽃은 불잉걸이 되어 얼굴에 쏟아지는 것 같았다. 생(生)이라 철석같이 믿었던 것을 한 순간에 엎어버리기엔 이보다 더한 빛은 없을 거라고 조롱하는 듯 꽃은 저 혼자 붉고 저 혼자 명랑했다.

15년을 살면서 한 번도 생각하지 않았던 죽음이라는 존재를, 카네이션은 핏방울로 문신하듯 내 가슴에 새겨놓는 것 같았다.

나는 위암이라는 병명도 처음 들었고, 그것이 죽음에 이르는 병이라는 것도 몰랐다. 내가 원고를 가지고 댁에 찾아갔을 때, 그분이 글을 읽다가 가슴을 움켜잡거나 파란 병에 든 흰 약을 마시는 걸 무심하게 보아 넘겼다. 서너 살 먹은 세니, 예니 남매와 놀거나 사모님에게 두 분이 만난 얘기를 해달라고 조르던 시간이 계속 될 줄만 알았다. 나는 병환 중인 선생님에게 미안해 할 줄 몰랐고, 선생님이 시를 쓰신 대학노트를 빌려 오는 날엔 하늘을 날 듯 기뻤다. 한 권을 필사하고 돌려 드렸을 때도, 나만 선생님의 시를 가지고 있다는 자부심에 저절로 웃음이 나왔다.

성수동의 좁은 단칸방에서 잠실 주공아파트로 이사하셨을 땐, 선생님이 쾌차하신 줄 알았다. 젊고 아름다운 아내와 이제 막 걸음마를 배우는 어린 딸 예니를 두고 갈 나이는 절대 아니었으니까.

선생님은 시인이 되지 못한 채 가셨다. 읽지도 못하는 한자를 그림처럼 옮겨 적는 어린 학생에게 당신은 어떤 마음으로 당신의 노트를 빌려 주셨을까.

"나는 붓을 꺾었지만, 너는 그러지 마라."

말씀하시면서 믿는 마음이 조금이라도 있었던 것일까. 천진하게 헤헤 웃으면서 넙죽 "네" 하고 받았던 제자를 보면서 그분은 무슨 생각을 하셨을까.

그 이후, 세상에는 내가 몰랐던 단어가 그리 많은 것을 알게 되었다. 슬픔, 절망, 어둠, 고통, 눈물… 그리고 적막함.

다시 학교에 돌아갔을 때, 들어갈 교실도 앉을 의자도 칠판도 사라져버렸다. 선생님도 친구들도 보이지 않았다. 학교가 왜 그렇게 어두워졌는지 알 수 없었다.

국어 시간이 되면 앉아 있을 수가 없어서 책상 밑으로 고개를 숙여 코피를 내고는 양호실에 간다는 핑계로 나와 버리곤 했다. 수돗가에서 피 묻은 손을 씻을 때마다 붉은 카네이션이 생각났다. 그게 장미도 아니면서 가시를 세우고 사정없이 찔러댔다.

나를 이해해준 선생님들 덕분에 그나마 남은 학교 생활은 마쳤지만, 고등학교에 가서도 정신 차려보면 중학교 교정에 서 있곤 했다.

어느 날 자전거로 운동장을 몇 바퀴째 돌던 체육선생님이 내게 와서 말씀하셨다.

"혜숙아. 이제 그만 와. 여긴 네가 있을 곳이 아니야."

붉은 카네이션은 오랫동안 지지 않았다. 그 꽃잎을 떨어버리려고 동대문 시장에서 옷가게를 하던 사모님을 찾아가고, 금곡 공원묘지로 선생님을 찾아가고… 혼자 발이 부르트도록 걸어 다녔음에도 앉을 자리를 찾지 못해 헤맸다. 꽃이 먼저 앉아있어 가시방석이 되었나보다.

참 질기게도 지지 않는 꽃이었다.

은행나무 그림자

기억 속의 나무는 은행나무가 맞다. 계절은 언제쯤이었을까. 그림자가 길어지고 그림자의 위치도 빨리 바뀌는 계절이었던 것 같은데. 은행나무가 떠오르는 걸 보면 가을이었을 것 같다.

나는 퇴근하는 선생님을 기다리고 있었다. 이제나저제나 선생님이 현관을 나서나 보면서 발밑의 돌멩이만 툭툭 차고 있었다. 하교 시간이 지나 운동장엔 아이들도 없었고 해는 기웃 넘어가는 참이었다.

선생님이 나타났다. 지루해하던 나는 교복을 여미고 선생님 앞으로 갔다. 질문할 것도 많았고 알고 싶은 게 많았다. 수업 시간에도 교과서와는 상관없는 질문을 하면 책을 덮고 대답을 해주시던 선생님이셨다. 얘기가 길어지면 책상 두 개를 교실 뒤편으로 끌고 가서 단독수업을 해주셨다. 대단한 편애였다.

선생님 댁에 가면 한국단편소설 전집에서 한 권씩 골라 주시곤 했다. 어느 날인가 김동인의 단편집에서 「광염소나타」를 읽다가 운 적이 있었다. 뭐라 형언할 수 없는 감정에 싸여 인주를 열 손가락에 묻혀 그 페이지에 빼곡히 찍었다. 피 묻은 손으로 연주하는 백성수의 모습이 눈에 어른거려, 손끝을 바늘로 찔러 핏방울을 보고 싶은 마음이었으나 그럴 자신이 없어 인주를 대신한 것이었다. 그땐 선생님께 돌려드려야 할 책이라는 사실도 잊어버렸다.

그러니 선생님은 나를 그냥 둘 수가 없으셨나보다. 수업 시간에 김동인에 대해 질문하면 그것으로 그날 수업을 하셨다. 아이들도 우리 반만 특별 수업을 한다는 묘한 자부심으로 국어 시간이면 나와 선생님의 대화를 눈을 빛내며 들었다.

그날도 나를 보신 선생님은 내 앞으로 걸어오셨다. 선생님과 얘기하는 시간이 길어졌는지 어느 사이 선생님의 그림자가 해의 방향을 따라 움직였다.

땅바닥을 보니 내가 선생님의 그림자를 밟고 있었다. 한 발자국 움직여 그림자 밖으로 나왔다. 조금 있으니까 또 선생님의 그림자가 내 발 밑에 있었다. 다시 그 밖으로 나왔다. 내내 그림자를 피하려다가 정작 선생님께 묻고 싶은 것도 들은 대답도 남지 않았다. 선생님 앞에서 장난치는 걸로 보이고 싶지 않았는데 자꾸 그림자가 걸렸다.

선생님은 가만히 있지 못하고 팔짝팔짝 뛰는 아이를 보면서 어이 없으셨을까. 웃으셨을까.

나는 30년이 지났어도 웃지 못하는데.

그날 선생님의 그림자를 밟은 게 아니었다. 긴 그림자 속으로 내가 걸어 들어간 것이었다.

눈동자

전혀 예상치 않았던 복병이었다. 무방비 상태로 노출되어 있었던 나는 명치끝을 강타한 한 방에 나가떨어지고 말았다. 정신이 아찔할 만큼 정확한 한 방이었다. 비칠거리며 일어나 겨우 정신을 차려 보았지만, 주변엔 아무도 없었다. 교실엔 나 혼자였다. 나를 강타한 그 한 방도 주먹이 아니었다.

그것은 눈동자였다. 감정을 종잡을 수 없는 서늘한 눈동자. 차라리 비웃음이나 싸늘함, 냉정함 이런 것으로 표현할 수 있다면 나을 것 같은데 아무것도 읽을 수 없었다. 바로 정수리에서 내려다보고 있는 말없는 눈동자는 누구의 것이었을까.

그날, 나는 꽤 큰 백일장에서 장원을 했다. 교내 백일장이나, 동부지역 상업학교 백일장하고는 규모가 다른 백일장이었다. 인문계 고등학교 아이들하고 당당히 겨뤄 받은 상이니, 그 기쁨은 이전과는 달랐다.

나는 교실에 혼자 남아 마음껏 울어볼 참이었다. 금곡에 가기엔 늦은 시간이어서 그렇게나마 선생님께 '이 기쁜 소식'을 알리고 싶었다.

선생님 계실 때 교내백일장에서 장원을 하지 못했던 것이 아쉬움으로 남아 있기도 했다. 죽음과 사투를 벌이는 분에게 형편없는 글을 가지고 찾아가 봐달라고 했던 것, 병상에서도 염려하시게 했던 것이 떠올랐다. 자랑하고 싶고 인정받고 싶은 욕심을 마음껏 누리고 싶었다.

그런데 느닷없이 나를 내려다보는 눈동자라니. 그 서늘함은 마치 포획자의 레이더망에 걸린 곤충처럼 나를 꼼짝할 수 없게 만들었다. 내가 몇 년 동안 목표하고 달려온 이 자리가 내 것이 아니라는 것이었다. 고작 백일장 장원 따위에 흥분하고 있는 모습이 우습기도 하고 딱하기도 하다는 표정이었다.

그래, 이번 백일장에 나오지 않은 진짜 실력 있는 아이의 눈동자일 거야. 대학 시험 준비를 하느라 나오지 않았겠지. 경쟁자가 없으니 내게 장원 자리가 돌아온 거겠지. 상고를 진학할 때부터 포기했던 대학은, 문학의 길을 포기한다는 것과 다르지 않았다. 그래서 졸업 전에 전국대회에서 장원 한 번 받아보겠다고 별렀는지도 몰랐다.

앞에 놓인 상장이 한낱 종이쪽지로밖엔 보이지 않았다. 나는 그것을 박박 찢어서 쓰레기통에 처박아 버렸다.

순간, 중학교 때 친구 준미가 생각났다. 그 친구라면 4년 전처럼 내가 찢어버린 쪼가리를 찾아서 스카치테이프로 붙여다 줄까.

처음 문예반에 갔을 때, 일주일 안에 시 한 편 내라는 숙제를 받고는 겨우 쓴 원고를 도저히 낼 수 없어 찢어버리고 돌아왔다. 다음 날 선생님의 부름을 듣고 교무실에 갔을 때, 선생님의 책상엔 준미의 글씨로 쓰인 내 글이 있었다. 영문 몰라 하는 옆에서 말없이 울고 있던 준미.

"둘 다 문예반에 들어와."

선생님은 한마디만 하셨다.

그런데 준미는 이번엔 찢어버린 상장을 붙여줄 것 같지 않았다. 그 애도 진학준비를 하고 있어서 만난 지 오래 되었다. 아니 어쩌면 그 눈동자는 준미의 것인지도 몰랐다. 지난 가을, 문예반에 실력 있은 아이들이 많다는 Y고등학교 축제에서 만난 어떤 아이의 눈동자일 것 같기도 했다.

내 것이 아닌 것만은 분명한 상장을 찢으면서 나는 이미 준비했던 것처럼 포기를 바로 받아들였다. 어쩌면 문학에 남은 미련을 이쯤에서 끝내야겠다고 생각했는지도….

문학은 내가 오를 수 없는 성채였다. 신성한 제례였다. 그 제례를 올릴 제사장들은 나같이 평범한 사람은 아닐 것이었다. 설명할 길 없이 서늘한 눈동자를 한 누군가가 그중 한 사람일 것이며, '순수와 진실'을 지킬 사람일 것이라 믿었다.

그럼에도 내가 무릎 꿇어 승복하고 받아들이는 그 순간은 나 또한 순수와 진실을 마음에 두고 있다고 믿고 싶었다.

선생님이 보내신 편지를 잊을 수 없기 때문이었다. 그분은 깨지기 쉬운 나를 염려하셨다. 그리곤 '순수와 진실을 잃지 않고 산다면 글은 저절로 써진다'고 하셨다. 중2 여학생에겐 저절로 써진다는 말만 크게 들어왔다. 그래서 어렵지 않을 줄 알았다. 고작 순수와 진실을 잃지 않으면 된다는 데야….

눈동자는 내게 말했다. 그게 쉬울 것 같으냐고. 저절로 써지는 글이 문학에 바쳐질 수 있는 것이냐고.

비겁했는지도 모른다. 나약하고 게을렀기 때문이었을 것이다. 그러나 더는 두려움을 감춘 채 앞으로 나가고 싶지 않았다. 내 앞의 벽을 허물 자신이 없어 돌아오는 길을 택했다. 다시는 그 눈동자와 마주치고 싶지 않았다.

그 후로 내가 마주친 눈동자는 따뜻하고 정감 있는 눈동자들이었다. 연민과 격려로 다독여주는 눈동자 속에서 준 것보다 받은 것이 더 많은 날들을 살았다.

그런데도 나는 그날 마주쳤던 그 눈동자를 잊지 못했다. 오히려 찾고 있었다. 작가연하고 살기 시작하면서부터였다. 책에서 무릎을 치게 하는 문장을 발견하면 이 글을 쓴 작가가 눈동자의 주인일까 하였고, 팔목의 움직임으로 쓴 글을 발표했을 때는 만일 살아계셔서 내 글을 읽으셨다면 선생님의 눈동자가 그러할 거라고 생각했다. 그러나 비슷하기는 해도 그 눈동자는 아니었다. 내 자신의 눈동자였다고 생각하기도 했다. 그것도 아니었다.

아직도 알 수 없다. 한 번도 잊은 적 없는 눈동자가 누구의 것인지. 그저 희미하게 잡히는 것은, 내가 글 쓰는 일을 계속하는 한, 그 눈동자에게서 자유로울 수는 없을 거라는 사실뿐이다.

금곡에 남은 아이

버스에서 내려 한참을 걸었다. 한동안 따라오던 친구가 마을을 벗어나 들길로 들어서자 점점 뒤처지기 시작했다. 얼마 못 가서 그 친구는 털썩 주저앉고 말았다.

"혜숙아. 나 못 가겠어. 무서워."

무섭다니. 그 말에 발걸음이 천 근 바위처럼 굳어버리고 말았다. 같이 가고 싶다고 말한 것은 그 친구였다. 급기야는 울면서 돌아가자고 했다. 모퉁이만 돌아서면 바로 찾을 수 있는 집을 두고 가자는 것이었다. 나에게는 그립고 소중한 그곳을 무서운 곳이라고 말하는 그 애 앞에서 더 이상 아무 말도 하고 싶지 않았다. 나도 발길을 돌렸다.

돌아오는 길에 친구가 변명같이 몇 마디 더 했지만, 이미 마음이 닫힌 나는 대꾸하지 않았다. 내일부터 모르는 애 취급하면 그만일 테니까.

"낮이면 모를까, 금방 어두워질 텐데…."

친구는 내 눈치를 보며 중얼거렸다.

그 친구 눈에는 어두워지는 시각에 우리가 가려던 곳이 '공동묘지'였고, 그러니 무서운 것은 당연한 일일지 모르겠지만 나는 오랜만에 찾은 '선생님 댁'을 지척에 두고 돌아서야 하는 게 화가 났을 뿐이었다. 금방 어두워질 거라는 그 시간도 내게는 '꽃처럼 적막하게 올 저녁'인데….

모처럼 마음을 열었던 친구는 그렇게 내게서 잊혀졌다. 나는 다시 외톨이가 되었다. 다시는 선생님 계신 곳에 대해 말하지 말아야지. 누구와도 같이 가지 않으리라. 마치 따라나서고 싶은 친구들이 여럿이기라도 한 양 다짐했지만, 사실 호기심을 보였던 친구는 그 애 하나였다.

그 친구 눈에는 수업 시간에 마음대로 빠지고 지각, 결석을 해도 누구에게도 혼나지 않는 내가 궁금했을 것이다. 시험기간에도 교실 대신 경복궁이나 종묘에 가서 '글이나' 쓸 수 있는 특권도 부러웠을 것이다. 그러나 그 자유를 얻기 위해 내가 어떻게 행동을 했는지 그 애는 몰랐다. 1, 2학년 때까지만 해도 수시로 맞고 교무실에서 벌 서는 일이 예사로웠다는 사실을. 여상에 진학한 학생이라면 당연히 따야할 기능 급수를 따지 않아 성적이 바닥이었을 때 선생들은 매로 다스려서라도 시험을 보게 하려고 했다. 나는 그 학교에 간 이유가 단 한 가지였으므로 번번이 귓등으로 흘려들으며 버텼고, 나중엔 그것조차 지겨워 자살기도를 하고 무단결석까지 했다.

학교에서 불미스러운 일이 생기면 책임져야 할 것이 두려운 담임선생의 배려(?)로 졸업할 때까지만 사고 없이 다니기로 약속한 것이었다. 봄, 가을로 열렸던 학생백일장에 참가하기 위해 시험을 보지 않아도 평균점수 정도는 주기로 한 것, 2학기에는 교지 편집이라는 명목으로 수업을 빼먹고 도서관에 가 있어도 용인해주기로 한 것이 그나마 내가 가진 재주로 획득한 자유였다.

그렇게 얻은 자유로 학교 가는 길이 즐거워졌다. 아니, 학교를 지나쳐가는 길이 즐거워졌다는 말이 맞을 것이다. 나는 등굣길에 학교 앞 정류장에서 다시 버스를 갈아탔다. 금곡 가는 버스였다. 내가 수업을 들어야 할 교실은 좀 더 멀리 있었기 때문이었다. 같이 갔던 친구가 주저앉아 울면서 무섭다고 한 공동묘지에 있는 한 무덤. 내 선생님의 집이기도 한 그곳에서 기능 위주의 필수과목이 아닌 선택과목, '문학'수업을 들을 수 있었기 때문이었다.

내가 망우리에 있는 그 학교를 택한 이유 가운데 하나는 창밖으로 기찻길이 보인다는 것이었다. 청량리를 출발한 화물기차는 망우리를 거쳐 금곡을 지나갔다. 매일 수업을 들으러 갈 수 없

뻐꾸기가 이따금 울면 정적으로 쓰인 악보에 변주곡을 넣는 듯 생동감이 느껴지는 것 같았다. 개미들도 바쁘지 않았다. 쉬엄쉬엄 움직이며 아까시 향기까지 실어 날았다. 작디작은 제비꽃부터 출렁출렁 산능성까지 나를 가르쳤다.

었기 때문에 창밖으로 지나가는 기차에 수없이 질문을 실어 보냈다.

'선생님, 이런 주제로 써보고 싶은데 시작은 어떻게 하는 게 좋을까요?'

'지난 번 쓴 글의 마무리가 영 마음에 안 들어요.'

'그곳은 편안하시지요?'

나도 그곳이 편안했다. 기찻길이 멀어서 덜컹거리는 바퀴 소리도 들리지 않았고, 고만고만한 봉분들이 초가집처럼 옹기종기 모여 있어 산 아래 마을에서 밥 짓는 저녁연기가 피어오를 것 같았고, 뻐꾸기가 이따금씩 울면 정적으로 쓰인 악보에 변주곡을 넣은 듯 생동감이 느껴지는 것 같았다. 개미들도 바쁘지 않았다. 쉬엄쉬엄 움직이며 아까시 향기까지 실어 날랐다. 작디작은 제비꽃부터 출렁출렁 산 능선까지 나를 가르쳤다.

그렇게 선택과목을 받으러 찾아간 그곳에서 나는 더 이상 자라고 싶지 않았다. 딱 이만큼이면 족한데, 시간에 떠밀려 자라고 그 끝이 어른이 되는 것이라는 걸 받아들이는 게 두려웠다.

학교는 졸업해도 고즈넉하고 따스했던 무덤 학교엔 더 다니고 싶었는데, 한두 해 더 다녔을 뿐이다. 어른이 되는 걸 받아들일 시간 만큼이었을 것이다. 어느 날 돌아보니 시나브로 무덤학교를 졸업한 후였다.

결혼을 하고 자식을 낳고, 딸과 아들이 그때의 내 나이보다 더 클 만큼의 시간이 흘렀다. 그런데도 내 안에서 크지 않은 아이가 때때로 툭툭 치면서 우는 소리를 들어야 하는 것이, 어쩌면 따뜻하지 않은 세상과 화해하기 위해 보낸 시간보다 더 쉽지 않은 날들이었다.

시인이 너무 많았다

어쩌자고 서른다섯 살에 시를 배워보겠다고 나섰는지 모르겠다. 아니 '어쩌자고'는 애초 작정한 바가 아니었으니, '하필'이 맞겠다.

하필 서른다섯 살이라고 생각한 건 내가 선생님을 만났을 때 그분이 서른다섯이었고, 그 숫자는 그분이 마지막으로 세상에 사셨던 나이였기 때문이다.

내가 세상에 '시'라는 것이 있고, 시를 쓰지 않고는 살 수 없는 사람들을 '시인'이라고 부른다는 것을 안 것은 열다섯 살, 중학교 2학년 때였다. 시를 쓰지 않고는 살 수 없는데도 시인이 되지 못한 사람도 있다는 것을 알게 된 것도 그때였다.

문예반에서 선생님을 통해 배운 시의 세계는 별천지였다. 노래 같은 것이 노래보다 슬프고 아름답고 애틋했다.

'태극기가 바람에 펄럭입니다.'

깃발을 생각하면 그 노래밖에 모르는데, 펄럭임이 '소리없는 아우성'이라니. '잎새에 이는 바람에도 괴로워' 하는 사람이 있다니. '어제 이슬이었던 것이 오늘 눈물인 것'이라니.

어제 노래밖에 몰랐던 내가 오늘 시를 읽는다는 게 행운이라고 생각했다. 나도 한 줄의 영롱한 비단실을 뽑아내는 누에가 되고 싶었다. 그때부터 보이는 게 달라졌다. 봄비, 쑥부쟁이꽃, 개미, 석양… 분명 어제와는 다르게 보이는데 그걸 표현할 말을 찾을 수가 없었다. 낮엔 입안에서 웅웅거리다 만 말이 꿈에서 제대로 나오는 것이 신기해서 머리맡에 공책을 두고 자기도 했다. 시라고 쓴 것을 들고 달려갈 곳이 있다는 것 또한 얼마나 큰 기쁨이었던지. 선생님은 내가 만난 유일한 시인이었다.

그러나 '한때는 문학소녀'였던 사람들이 그렇듯 그 한때를 잊는 것은 십 년이 걸리지 않았다. 열다섯에서 스무 해를 더 살았을 때는, 시를 몰라도 사는데 아무 지장이 없는 주부가 되어 있었다.

그런 서른다섯 살. 선생님을 만났을 때와 동갑이 된 나이에 나는 시를 배우러 나섰다.

남편 회사 사보에 응모한 글이 당선된 것이 계기였다. 결혼 후 일기조차 쓰지 않았던 내가 수필을 쓸 생각을 한 것은, 사보에서 본 상금이 제법 컸기 때문이었다.

남편이 빚보증을 잘못 서서 월급의 반도 가져오지 못한 때에 둘째아이 임신으로 일을 할 수 없었던 나는 입선이라도 한다면 쌀 한 포대 값은 될 거란 생각에 마감 전날 부랴부랴 글을 써서 냈다. 그게 최우수상으로 당선되어 쌀 열 포대 값의 상금을 받게 되자 잠잠했던 가슴에서 불이 일어났다. 다시 글을 쓰고 싶다는.

문학을 하려면 문예창작과나 국문학과에 진학해야 한다고 알고 있던 내게 누군가 문화센터에서 강의를 한다는 것을 알려 주었다.

일주일에 한 번이지만 유일하게 내가 숨을 쉴 수 있는 시간이 될 것 같았다. 용인에서 잠실로, 세 살 된 아들을 업고 좌석버스에 오를 때 그보다 행복할 수 없었다. 20년 만에 시 강의를 듣게 되다니. 처음으로 '진짜 시인'을 만날 수 있다는 기대도 컸다. 그때는 내게만 '유일한 시인'이었을 뿐 진짜 시인이 될 수 없었던 선생님을 헤아리지 못했다.

그런데 문화센터의 시 교실엔 시인이 너무 많았다. 강의하는 선생님만 시인인 줄 알았는데 회장도 시인이고, 복사한 용지를 나눠주는 총무도 시인이라고 했다. 옆자리의 쌀쌀맞은 아주머니도 시인이라고 했다.

시를 쓰지 않고는 살 수 없는 사람이 시인이라고 했는데, 여기 있는 사람들도 공기보다는 시로 호흡할 수밖에 없는 사람들인가.

그러면 선생님은 왜 시인이 되지 못해서 내게 당신을 '처음 본 진짜 시인'으로 기억할 수 있는 기회를 주지 못했단 말인가. 시인도 못 될 거면서 왜 8년이나 대학을 다니면서 시를 붙잡고 있었단 말인가.

선생님만큼이나 왜소했던 그분 어머니가 아들 죽음 앞에서 오열하던 모습을 나는 잊지 못한다.

"못 먹어서 병들었어. 가난해서 대학도 한 해 벌어 한 해 다녔어. 그게 한이야, 한이야."

공사장에서 등짐지고 과외 몇 탕 뛰고 일 년 벌어 한 해 등록금 마련해 다닌 대학 국문과를 나오고도 시인되기를 포기한 사람이, 어떻게 열다섯 살 아이에게 너는 붓을 꺾지 말라고 말할 수 있었단 말인가. 내가 꺾을 수 없는 게 붓이 될지 칼이 될지는 생각하지 못했단 말인가.

뭐라고 표현할 수 없는 기분이었다. 억울한 것 같은데, 그게 선생님 때문에 내가 억울한 것인지, 나와 선생님 두 사람이 다 억울하다는 느낌인지 종잡을 수가 없었다.

더구나 시인협회에서 중요한 직책을 맡고 있다는 시인은 격려와 칭찬을 '너무도' 아끼지 않았다. 고등학교 때 쓴 시를 내도 잘했다 하였다. 나는 중학교 2학년 때도 부사 하나, 단어 하나 잘못 써도 혼나서 고개를 들지 못했던 아이였는데 말이다.

'지금부터 시작해도 늦지 않았다'는 말을 듣던 날, 가락동 시장 허름한 밥집에서 어린 아들을 앞에 앉혀놓고 대낮에 소주 한 잔 하고 돌아오는 것으로 나는 다시 그 시인들에게 돌아가지 않았다.

하필 서른다섯 살 때였다.

등 뒤의 따뜻한 손

자신이 살아온 길, 수필을 시작하게 된 동기를 이야기하는 자리였다. 만난 지 1년밖에 안 된 사람들이라 서먹할 만도 한데, 이야기에 귀를 기울이고 있는 모습이 진지했고, 이야기를 하는 사람의 얼굴은 홍조를 띠고 있었다.

얼굴 위로 지나간 세월의 자국을 간단히 지울 수 있는 것은, 새내기의 풋풋함과 이제 막 사랑을 시작한 설렘 때문일 것이다. 그중 나이가 적은 축에 속하는 내가 오히려 학사경고를 수없이 받아 낙제를 면하지 못한 학생 같은 기분이었다.

처음 원고를 읽는 날 새 옷을 입고 왔다는 말을 들으면 누추한 옷을 입고 있는 느낌이 들었고, 가족을 위해 열심히 살았으니 퇴직 후엔 나를 위해 글을 쓰겠다는 말을 들으면 글 쓴다는 이유로 가족에게 소홀했던 것이 떠올라 부끄러웠다.

그 낯선 기분 때문에 내 차례가 될 때까지 무슨 말을 할지 떠오르는 게 없었다. 그러다 입을 열었을 땐, 생각지도 않았던 이야기가 나왔다.

10년 전, 등단했을 때의 이야기였다. 설렜던 날을 돌이켜보다 나온 것이겠지만, 그게 아니었다.

등단식을 하던 날은 생애 최고의 주인공이 된 기분이었다. 덕담과 선물을 한아름 안고 돌아올 때만 해도 그날을 위해 살았던 시간을 보상받는 것 같았다. 기다리던 남편은 케이크에 불을 붙여주며 맥주 한 상자를 깔고 앉아 마셔도 다 받아주겠다고 했다.

벽난로의 불빛도 다른 날보다 더 따뜻하게 느껴졌다. 춥고 바람 센 바깥에서 은성한 불빛과 따뜻한 음식이 있는 실내의 풍경을 바라보는 마음으로 살았던 날들이었는데, 그 실내에 내가 들어와 있다는 게 실감나지 않았다.

밤이 깊자 남편도 아이들도 방으로 들어갔지만 아무리 마셔도 술이 취하지 않았다. 나는 축하해줄 한 사람이 남아 있음을 생각하곤 선물로 받은 찻잔을 닦아 맥주를 따랐다.

"선생님, 저 작가가 되었어요. 선생님이 붓을 꺾지 말라고 당부하신 말씀 지켰어요. 잘 했지요?"

강릉 가기 전에 금곡 묘소를 찾아가 원고지를 태우고 온 생각이 났다. 허물어진 봉분 앞에 자주달개비꽃을 심고 소주 한 잔 올리면서, 삶의 씨줄 날줄 엮어 글을 쓰겠다고 했다.

강릉에 사는 동안, 결혼 후 10여 년 쓰지 않았던 시간을 메우기 위해 문예창작반 수업도 듣고 부지런히 주부백일장을 찾아다녔다. 내가 제대로 쓰고 있는지 확인할 길이 그 방법밖에 없었다.

오죽헌에서 강릉 여성백일장이 있던 날, 시제를 받자마자 전화가 왔다. 유치원에 간 아들이 아프니 데리러 오라는 것이었다. 그래도 원고지를 펼쳤다.

'선생님, 도와주세요.'

속으로 수없이 외치면서. 순간 펜이 나가는 속도보다 빠르게 다음 문장이 이어 나왔다. 숨 쉴 틈도 없이 단숨에 써버리곤 아이에게 달려갔다. 쓰고 싶은 대로 썼으니 여한이 없다는 마음이었는데, 장원이라는 소식이 왔다.

강릉 대표로 강원도 대회도 나가고 봉평, 평창에서 하는 지역대회도 나갔다. 그럴 때마다 나는 믿는 구석이 있었다. 혼자 쓰는 게 아니라는 생각이었다. 백일장에 나가 시제를 받으면 잡아주는 손이 있어서 저절로 펜이 가는 듯했고, 마침표를 찍을 때면 단거리 육상을 한 듯 숨이 찼다.

선생님께 올리는 맥주 한 잔은 늘 손을 잡아준 분에게 감사드리는 잔이었다. 그러나 언제까지나 선생님이 잡아주는 손만 믿을 수는 없었다. 마치 내가 쓴 것이 반쪽짜리밖에 되지 않는 것 같았다.

"선생님. 이제는 저 혼자 할 수 있어요. 더는 염려하지 않으셔도 돼요."

겨우 일 년밖에 곁에 있어주지 않았던 선생님에 대한 원망, 힘겨웠던 시간들이 떠올라 한바탕 눈물을 쏟고 나서 선생님께 따랐던 맥주를 마셨다. 맹물 맛이었다. 내 잔은 맥주맛 그대로인데….

놀라 고개를 드니 맞은편 자리에서 일어서는 기척이 느껴졌다.

벽난로의 불은 언제 꺼졌는지 그제야 춥다는 생각이 들었다. 형광등은 그대로인데 더 어두워진 것 같았다. 마치 내 앞에 놓인 길이 춥고 어두운 길이라는 듯이.

그렇게 택한 길이라면 달리기까지는 못하더라도 쉼 없이 걷기라도 했어야 했다.

내가 여러 사람 앞에서 그날의 이야기를 꺼낼 땐 행복한 기억이어야 했다. 그런데 왜 누추하고 부끄러웠을까.

혼자서도 잘 할 거라고 했던 약속을 지키지 못했기 때문이었다. 등단하고 문학회에 발을 담고 여기저기 기웃거리기는 하면서도, 한 번도 숨 가쁘게 쓴 적이 없기 때문이었다. 그리곤 글이 안 써진다고 징징거리면서 10년을 보낸 것이었다.

그 10년 동안 선생님 이야기를 하지 않았다. 아니 할 수 없었다. 오히려 잊어버린 듯 살려고 했다. 그분을 기억하는 게 사슬 같아서 풀고 싶었다. 10년 전에 그분이 나를 놓아주고 가신 줄 알았다.

그런데 어째서 나는 그분 이야기를 하고 있으며, 여전히 그날처럼 울고 있는 것인지.

그 숙제를 푸는 데도 또 얼마의 시간이 흘렀다. 이제는 안다. 여전히 선생님은 나에 대한 염려를 놓지 못하고 계시다는 것을. 그것이 사슬이 아니라 사랑이라는 것을. 늘 곁에 계셨고, 당신 대신 손잡아 줄 선생님들을 만나게 해주셨다는 것을.

강릉에서 장원을 여러 번 하자 우쭐한 마음에 등단을 하겠다고 덤볐을 때, 공부가 부족하다고 타이르셨던 이충희 선생님이 계셨던 것을 잊고 있었다. 혼자 해낸 게 아니라는 것을 이젠 안다.

"너의 아이들이 읽었을 때 부끄럽지 않은 글을 쓸 자신이 생길 때 등단해도 늦지 않다"고 하셨던 선생님의 말씀은, 돌아가신 그분이 하시고 싶었던 말씀이셨을 것이다.

지금도 제대로 쓰지도 못하면서 수필가라는 것을 액세서리처럼 달고 다니는 내 등을 토닥거리시며 기다려주시는 분이 곁에 계시다.

선생님들은 한결같이 따뜻한 손을 내밀어 주시는데, 나는 그 손을 잡을 생각은 안 하고 자꾸 뒷걸음치기만 했다.

더는 뒤로 가지 말라고 등 떠밀어주는 손길을 느낀다. 그 손길에 밀려 다시 걸음을 내딛는다. 한 걸음, 또 한 걸음….

꽃을 솎는 저녁

이혜숙 수필집

1판 1쇄 인쇄/ 2013년 11월 25일
1판 1쇄 발행/ 2013년 11월 30일

지은이 / 이 혜 숙
펴낸이 / 우 희 정
펴낸곳 / 도서출판 소소리

등록 / 제300-2007-21호
주소 110-521 서울 종로구 명륜동 1가 33-90
경주이씨 중앙회빌딩 302-1호
전화 / 765-5663, 766-5663(Fax)
e-mail: sosori39@hanmail.net
www.sosori.net

값 10,000 원

*잘못된 책은 바꿔드립니다.

ISBN 978-89-97294-51-0 03810

*이 책은 용인문화재단 문화예술 지원사업의 지원을 받아
발간되었습니다.